Otto Kerscher · Von alten Bräuchen unserer Heimat

Otto Kerscher

Von alten Bräuchen unserer Heimat

Verlag Attenkofer

ISBN 3-931091-65-1

Satz und Druck: Cl. Attenkofer'sche Buch- und Kunstdruckerei, 94315 Straubing

Inhaltsverzeichnis

Einleitung 6
Die Weihnachtszeit 8
Weihnachtsbäckereien 10
Sebastiani (20. Januar) 13
Die Spinn- und Webstuben 13
Das „Dreschermoi" (Dreschermahl) 16
Maria Lichtmeß 17
Die Kälberweil oder Schlenkltag'
(von Klara Hackelsberger) 17
Das Wachs im Brauchtum 19
Das „Winteraustreiben"
(ein uralter Brauch) 20
Aschermittwoch 22
Die Fastenzeit 22
Josefi (19. März) 22
Der Palmsonntag 22
Die Kreuzwegandachten in der Karwoche 23
Das Osterfest 23
Christi Himmelfahrt 24
Der Schauerfreitag 24
Der Georgitag (23. April) 24
Die Maiandachten 24
Die drei Eisheiligen 25
Das Pfingstfest 25
Der Prangertag (Fronleichnam) 26
Der Sonnwendtag 29
Der Peterstag 29
Jakobi (25. Juli) 29
Harte Erntearbeit 29
Das Schutzengelfest 30
Das Erntedankfest 30
Der Allerweltskirta (3. Sonntag
im Oktober) von Lukas Usterling 31
Der hl. Wendelin (20. Oktober) 32
Allerheiligen 32
Der hl. Leonhard (6. November) 32
Martini (11. November) 32
St. Kathrein (25. November) 33
Die Eltern und ihre Kinder 33
Schon beizeiten einen Anstand lernen . . . 33
Heimatliebe 34
Viel mehr Mütter sollten
nur Hausfrauen sein 35
Der Charakter 35
Sich immer dankbar zeigen 35
Neubau einer Pfarrkirche 36
Die Kesselsbodener Waldkapelle 37
Im Sommer 1996 38
Die Krankenpflege 39
Seltene Bräuche bei Beerdigungen
(von Pfarrer Holzgartner) 39
Ein Rauch-Club 40
Der Brauch des Schnupfens 40
Max Miedaner aus Konzell erzählt 42
Fanny Holzer erzählt 43
Erlebnisse beim Ochsenhandel 46
Kleine Auszüge aus unserer Mundart . . . 47
Gutes Lied und gute Musik 49
Die alte Kleidertracht unserer näheren
Heimat im 19. Jahrhundert 49
Alte Glückwunschkarten 57
Nachwort 127
Dank 128

Einleitung

Allen Heimatfreunden und besonders unserer Nachwelt möchte ich dieses Buch widmen. Es soll ein Bekenntnis zur Heimat und ihren Werken sein und zugleich ein Aufruf, der Heimat treu zu bleiben und sie nicht zu verschenken.

Heimatliebe und die Pflege guten Brauchtums schafft Wärme, Schönheit und Lebenssinn. Das ist auch der Inhalt dieses Buches. Gutes Brauchtum und gute Sitte sind ein wertvoller Bestandteil unserer Heimat. Sie bringen Freude und Frohsinn in die Menschenherzen. Freude wiederum kann sogar das Leben verlängern. Das ländliche Brauchtum hat sich auf dem Land entwickelt, worauf wir stolz sein können. Darum sollen wir die gute (nicht die schlechte) Tradition auch weiterpflegen. Auf keinen Fall aber darf sich daraus nur Schaubrauchtum entwickeln, sondern es soll zur Gesunderhaltung eines Volkes beitragen.

Ich war schon in meinen entbehrungsreichen Kinderjahren ein Gönner unserer Heimat und Freund unseres Brauchtums. Heimatliebe und Liebe zur Natur sind mir angeboren. Schon während meiner Bubenjahre hatte ich viel Augenmerk auf das Gute und Schöne. Mit besonderer Freude hing ich an der Tier- und Blumenwelt. An der religiösen Frömmigkeit meiner Eltern und Großeltern nahm ich mir gerne ein gutes Beispiel. Eine gewisse Ehrfurcht bekam ich zu spüren, wenn meine liebe Großmutter mütterlicherseits vor so manchem Feldkreuz oder Marterl stehenblieb und mir ein wenig von der Herkunft jener würdigen Flurdenkmäler erzählte. So bekam ich schon bald eine Ahnung vom religiösen Kulturleben. Auch die Armut in meinem Elternhaus mit zwölf Geschwistern mag dazu beigetragen haben, meine Heimatliebe zu stärken.

Eines Tages brachte ich daheim in der Stube meinem Vater den innigen Wunsch vor, Förster oder Ehrenmusiker zu werden. Ich erkannte sofort den inneren Schmerz meines Vaters. Gerne hätte er mir meinen Wunsch erfüllt, aber woher das Geld nehmen bei so vielen hungrigen Mündern? So nahm mich mein Vater im Frühjahr 1942 mit in die Steinbruch- Werkzeugschmiede. Obwohl ich noch immer von meinen Wünschen träumte, erfreute ich mich doch recht bald am heißen Schmiedefeuer. Kurz vor Abschluß meiner Lehrzeit aber musste ich zum großen Krieg einrücken. Auch fast vier Jahre musste ich noch in russischer Kriegsgefangenschaft verbringen. Die lange Abwesenheit vom kinderreichen Elternhaus stärkte meine Liebe zur Heimat. Nach meiner Heimkehr machte ich eine Umschulung zum Beruf des Schuhmachers. Bald begann ich, rührig beim kath. Burschenverein und anderen Vereinen durch Theater, Heimatabende und Gesang mitzuwirken. Ich begann auch, altes, erhaltungswürdiges Gerät zu sammeln und schaffte es lastwagenweise in bayerische Museen. Bald begann ich auch alles Wichtige zu fotografieren und Lichtbildvorträge in allen Himmelsrichtungen zu halten. Dies alles geschah unter größtem Freizeitaufwand und finanziellen Opfern.

Wenn man von Kindheit an mit dem Waldboden verwachsen ist, in einer Familie mit zwölf Geschwistern Not und Elend verspürt hat, aber auch Elternliebe, Gläubigkeit und Ehrlichkeit erfahren durfte, so bekommt man allmählich ein Gespür dafür, was für eine gesunde Heimat notwendig ist. Ich entschloss mich auch dazu, die ganze weite Gegend abzuwandern und abzufahren, um mir von steinalten Land- und Bauersleuten erzählen zu lassen und alles niederzuschreiben. Einen großen Teil meines Erlauschten, habe ich in nun bereits fünfzehn Büchern der Allgemeinheit zugebracht. Da ich keine Gelegenheit hatte, eine höhere Schule zu besuchen, bin ich zwar kein hoher Schreiber geworden, dafür aber ein Erzähler aus tiefem Herzen heraus, und was ich schreibe, ist sinnvoll und hat Hand und Fuß.

Wofür ich mich auch sehr einsetze, ist unser „bodenständiges" Brauchtum und die gute Sitte. Der Altbayer und besonders der Waldler war ein Menschenschlag, der treu mit dem Heimatboden verwachsen war und an den überlieferten Bräuchen und Sitten der Vorfahren festhielt. Das hängt auch sicher damit zusammen, dass unser Land eben noch länger vom Verkehrslärm und den vielen fremden Einflüssen verschont blieb. Am alten Brauchtum wurde nicht lange herumgezweifelt. Und was wurde früher aus tiefstem Herzen heraus gebetet!

Freilich mischte sich unter den Volksglauben auch viel Aberglaube, der bis heute nicht ausgestorben ist. Nur lebt er auf eine moderne Art weiter.

Zu großen Feierlichkeiten wie z. B. Taufe oder Kirchweih wurde der Pfarrherr gerne in die Bauernstuben eingeladen. Über die unzähligen religiösen Bräuche habe ich bereits in drei Büchern viel Wertvolles niedergeschrieben. All die ländlichen Bräuche und guten Sitten sollten nie vom städtischen Leben verdrängt werden. Nur wenn wir unseren „bodenständigen" guten Bräuchen treu bleiben, können wir den Wert der Heimat und des ländlichen Menschen erhalten.

Otto Kerscher

Die Weihnachtszeit

Jeder noch christlich denkende Mensch spürt in den Wochen des Advents ein gewisses Frohwerden im Herzen. So war es einst und sollte es auch bleiben, solange unsere so gehetzte und geplagte Welt noch ein wenig zusammenhält.

Das Kirchen- oder Bauernjahr beginnt mit dem ersten Adventsonntag. Dieses Kirchenjahr hat die katholische Kirche einst angeordnet, um die Gläubigen alle Jahre wieder an die göttlichen Geheimnisse zu erinnern. Es wurde auch in drei Festkreise eingeteilt. Der erste ist der sogenannte Weihnachtsfestkreis, der am ersten Adventsonntag beginnt und mit dem Fest Maria Lichtmeß endet.

Da ich, liebe Leser, in meinen Büchern schon viel über das weihnachtliche Brauchtum erzählt habe und auch an Weihnachten 1995 beim Verlag Attenkofer Straubing ein reines Weihnachtsbuch mit dem Titel „Bäuerliche Weihnacht" erschienen ist, so möchte ich hier das weihnachtliche Brauchtum nur kurz zusammenfassen. Für die vielen aus der heidnischen Zeit stammenden Bräuche war ich noch nie ein großer Schwärmer. Denn Weihnachten, an dem Christus im armseligen Stall zu Bethlehem durch Maria in eine Krippe gelegt wurde, sagt uns viel Sinnvolleres. Der Herrgott schaut in die Herzen der Menschen. So ist es schon seit der Jugendzeit mein Anliegen, der Menschheit vor allem Gutes nahezubringen. Nur bei echten, guten Weihnachtsgedanken werden wir Menschen den Sinn des Weihnachtswunders besser verstehen, vor allem, wenn die frohe Botschaft verkündet wird: „Ehre sei Gott in der Höhe und Friede den Menschen auf Erden". Pflegen wir vor allem in der Adventszeit gutes überliefertes Brauchtum!

In der Adventszeit besuchte man mit innerer Freude die Rorateämter. Das Opfer von uns Kindern, jeden Tag bei Schneesturm oder Eis vor Schulbeginn das Rorateamt zu besuchen, war wohl etwas zu groß. Schulkinder aus dem Pfarrdorf, die sowieso jeden Tag eine Stunde länger schlafen durften, waren seltener bei den Rorateämtern zu sehen als auswärts wohnende Kinder. In der Vorweihnachtszeit lernten früher gute Lehrer mit den Kindern Hirten- und Krippenspiele mit viel Mühe ein, dies zur Freude aller Pfarrkinder.

Auch das sinnvolle „Frauentragen" war Brauch. Dabei freuten sich besonders die Hausmütter und Kinder, dass sie der Gottesmutter eine Heimstatt geben durften. An den Abenden vor Weihnachten wurden dann in den Stuben bei Öl- oder Kerzenlicht gemeinsame Marienandachten abgehalten.

In der Adventszeit kam uns unsere Großmutter mütterlicherseits öfter als sonst besuchen, unter anderem um uns Geschichten zu erzählen. So erzählte sie uns häufig von einer gar fürchterlichen Luzia, die am Vorabend des 13. Dezember ins Haus kam, deren Gürtel rundherum mit Sensen behängt war und die mit der Hand eine Sichel wetzte. Das Gesicht hatte sie mit einem Strumpf überzogen.

Vor Weihnachten schrieben wir Kinder unsere Wunschzettel und steckten sie zwischen die Fenster. Freilich wurden, besonders bei ärmeren Kindern, diese Wunschzettel nie ganz erfüllt. Es gab Gestricktes von der Mutter, Gebasteltes vom Vater und zum Essen Äpfel, Nüsse, Busserl (Plätzerl) und ein Bröckerl selbstgemachte Schokolade. Für diese Geschenke hatten wir Kinder in der Adventszeit gerne viel zum Nikolaus und zum Christkind gebetet. Und die echte Freude an diesen bescheidenen Geschenken war unbeschreiblich groß. Wenn es heute in einer Zeit des Wohlstands (den wir aber zu einem großen Teil unseren Ahnen zu verdanken haben, die uns dazu den Grundstock gesetzt haben) mehr Geschenke gibt, so ist das nicht ganz falsch; nur sollte den Kindern der wirkliche Sinn des Weihnachtsgeschehens und der ganzen Weihnachtszeit erklärt werden.

Die sogenannten „Rauhnächte", zu denen im vorderen, mittleren und oberen Bayerischen Wald die Nächte vom Heiligen Abend bis Dreikönig zählen, spielten einst eine große Rolle. Die drei gefürchtetsten waren davon die Christnacht, die Silvesternacht und die Nacht zum Dreikönigstag. Die zwölf Rauhnächte waren nicht nur wegen der vielen Hexereien und Geistereien gefürchtet, die in diesen Nächten geschahen, sondern man deutete sie auch als eine Art Losnächte. Man glaubte z. B., wie das Wetter während dieser zwölf Tage ist, so wird es im Jahr werden. Das Wetter am Christtag deutete das Wetter für den Februar an usw. Sogar nach bestimmten Stunden richtete man sich und schrieb es in einen Kalender, damit man im Laufe des Jahres wieder nachlesen konnte. An einigen dieser Rauhnächte, meist am Heiligen Abend und am Dreikönigstag, wurden mit geweihtem Weihrauch Haus, Stall und der ganze Hof ausgeräuchert; damit sollte alles Unheil für das kommende Jahr abgewendet werden. Auch den Tieren im Stall reichte man geweihtes Brot, geweihte Kastanien, und den Hühnern geweihten Hafer, damit sie gut legten.

Die Schießerei in der Silvesternacht sollte auch der Vertreibung der bösen Geister gelten. An Silvester nehmen sich immer Leute Zeit, um ein wenig zurückzudenken an das verflossene Jahr. Haben wir es sinnvoll und gut verbracht? Es war wie ein kurzer Traum. Genauso werden auch die nächsten Jahre vorübereilen. Darum sollte man die wenigen Jahre vernünftig nutzen, vor allem auch zum Wohle armer und kranker Menschen. Ein alter Spruch lautet so schön:

„Bewahret einander vor Herzeleid, denn kurz ist die Zeit, die ihr beisammen seid".

Das Neujahrabgewinnen und Beglückwünschen gehört zur guten Familien- und Dorfzusammengehörigkeit.

Die Schulbuben, die einst am Dreikönigstag von Haus zu Haus gingen, verkündeten viel lebhafter, froher und rühriger, was sich einst zur Zeit des Königs Herodes zugetragen hat, als dies heute in vielen Pfarreien geschieht. Schön ist, dass die Gaben schon seit Jahren für gute Zwecke verwendet werden. Nach Überlieferung wurde das Dreikönigsfest im vierten Jahrhundert auf den 6. Januar verlegt. Seit dieser Zeit finden die Drei Könige besondere Verehrung. Ganz besonders spricht man ihnen große Macht gegenüber bösen Geistern zu. Gegen Blitz z. B. bespritzte man am Dreikönigstag Haus und Hof mit geweihtem Dreikönigswasser.

Das alles hat beigetragen zum rührigen Dorfleben. Die Kinder sind in das vielfältige Brauchtum hineingewachsen, was eine gute Grundlage für das ganze Leben war.

Weihnachtsbäckereien

Aus einem handgeschriebenen Kochbuch um 1880:

„Schokoladenbrot"

3 Eier, 140 Gramm Zucker, 140 Gramm geriebene Mandeln oder Nüsse, 200 Gramm Weizenmehl, gewaschene Zitronenschale.

Dieses wird dick schaumig gerührt und 70 Gramm Orangeat, 25 Gramm Schokolade, 7 Löffel Milch dazugemengt. Dann auf Oblaten gestrichen, im geheizten Rohr bei guter Hitze 20 bis 30 Minuten backen und mit Glasur überziehen.

„Marzipan"

Ein Pfund Zucker wird mit 4 Eiern eine Stunde gerührt. Ein Pfund Mehl, etwas Backpulver,

1 Löffel Rum zu einem festen Teig anmachen.

Ausstechen, trocknen lassen und bei mäßiger Hitze backen.

„Nüsse auf den Christbaum"

50 Gramm Nüsse, 50 Gramm Zucker, 1 Eiklar werden zu einem Teig gemacht.

Nußschalen bestreicht man gut mit Zucker. Man füllt den Teig in die Nußschalen hinein, dass er die Form einer Nuß bekommt. Nun nimmt man den Teig aus der Nuß wieder heraus und läßt sie einen Tag trocknen. Dann taucht man sie in folgende Glasur:

1/4 Pfund Schokoladenpulver läßt man mit 4 Eßlöffeln Wasser kochen. Dreht die Nüsse darin und läßt sie trocknen.

„Rahm-Bonbons"

1 Pfund Zucker, 1/4 Liter Rahm und etwas Kakao

„Buttermilch-Bonbons"

1/4 Liter Buttermilch und 1/2 Pfund Zucker werden dick eingekocht bis sie eine hellgelbe Farbe erreichen. Etwas Zitronensaft hineinträufeln, auf eine Blechplatte schütten und ausstechen.

„Gebackene Briefe"

1 Pfund Mehl, 1/4 Pfund Schmalz, 1 Ei, einige Eßlöffel Rahm, Backpulver, 3 Eßlöffel Zucker. Die Zutaten werden auf dem Nudelbrett zu einem Teig verarbeitet, den man dünn auswalkt. In Vierecke schneiden. Viereck wird mit Marmelade bestrichen und wie ein Brief zusammengelegt. Obenauf eine eingemachte Kirsche setzen.

„Eierpunsch"

52 Gramm Zucker, 1/4 Liter Milch, 2 Liter Arrak und der Saft einer Zitrone werden kochend gemacht. Dann 3 Eidotter mit 1 Liter Wasser glatt verrührt und unter beständigem Rühren die Masse darangegossen. Gut abgeschrüdelt in Punschgläser gefüllt.

„Punsch"

Man reibt den Zucker an den Zitronen ab, gibt zu dem Zitronensaft Orangensaft und schwarzen Tee. Alles durch ein Tuch gedrückt (Leinentuch) in eine Pfanne. Rotwein noch dazu und aufkochen lassen.

„Apfelcreme"

5 große Äpfel, 2 Eiweiß, einige Löffel Zucker und geriebene Zitronenschale.
Die Äpfel werden gedünstet und man gibt Zucker dazu. Durch ein Sieb gedrückt, kalt gestellt, gibt man die Zitronenschale dazu und rührt alles an einem kalten Ort, bis die Creme steif ist.

Man richtet sie bergartig an und verziert sie mit eingemachten Früchten.

„Bralinen (Pralinen)"

1/2 Pfund Zucker wird mit 1/2 Tasse Wasser solange gekocht, bis es dick wird. Dann kaltrühren. Wenn es dann anzieht, ein wenig Rum oder Arrak darübergießen und wieder fest verrühren. Dann streut man auf ein Nudelbrett ein wenig Zucker, den Teig darauf und drückt es auseinander. Man sticht kleine Formen aus und trocknet es.

„Schokoladenschnitten"

1 Pfund Kokosfett, 1 Pfund feinen Zucker, 1 Pfund Kochschokolade, 4 Päckchen Vanillezucker; alles mitsammen am Herd gut aufgehen lassen. Ist die Masse noch schön warm so rührt man 8 Eier nacheinander hinzu und solange, bis die Masse ganz steif ist. Hernach auf Oblaten streichen und zweiteilig aufeinanderlegen.

„Schokoladenkuchen"

250 Gramm Butter, 250 Gramm Zucker und 4 Eidotter schaumig rühren. Das Klare zu Schnee geschlagen. Dann 1 Pfund Mehl und ein Päckchen Backpulver. 100 Gramm Zucker und 1 Eßlöffel Kakao mit etwas Teig vermischen.

„Anisschnitten"

1 Pfund Zucker, 8 Eier, 1 Pfund Mehl, etwas süßen Anis eine Stunde lang schlagen.

Dann Mehl und Backpulver hinzu, auf's Blech Streifen setzen und bei mäßiger Hitze schön hellgelb backen.

„Lebkuchen"

1 Pfund Kunsthonig schön verrühren, dann 1 1/2 Pfund Zucker und 4 ganze Eier recht schaumig rühren. Dann etwas Zimt und Nelken, 3 Backpulver, ungefähr 3 Pfund Mehl und dann noch etwas kalten Kaffee. Dies alles auf dem Nudelbrett fein verarbeiten und auswalken, aber nicht zu dünn, und schön braun backen. Man kann sie auch noch mit Glasur überstreichen.

„Schokolade-Ringerl"

1 Pfund Mehl und 200 Gramm Zucker, 100 Gramm Butter, 100 Gramm geriebene Schokolade, 1 Backpulver, 2 Eier und 1/2 Tasse Milch nacheinander auf dem Nudelbrett gut ausmachen. Dann Ringerl ausstechen und schön backen. Ringerl glasieren.

„Honig-Rouladen"

1 Pfund Kunsthonig, 4 Eier, 1 1/4 Pfund Mehl, etwas Milch, 1 Backpulver, 1 Messerspitze Ammonium; bei mäßiger Hitze backen und sofort vom Blech nehmen.

Mit Marmelade bestreichen und schön zusammenrollen.

„Zimtsterne"

7 Eiweiß werden zu Schnee geschlagen und mit 560 Gramm Zucker 1/2 Stunde gerührt. Dann gibt man 15 Gramm Zimt hinein. Von dieser Masse kann man nun soviel herausnehmen, als man hernach zur Glasur braucht. Hernach gibt man 560 Gramm Mandeln, 10 Gramm Zitronat, 10 Gramm Orangeat hinein und verarbeitet dieses zu einem festen Teig. Nachdem man ihn etwas abliegen hat lassen, sticht man Sterne heraus, bestreicht sie mit der herausgenommenen Glasur und bäckt sie bei mäßiger Hitze.

„Zimtsterne auf eine andere Art"

Man gibt auf ein Nudelbrett 170 Gramm unabgezogene Mandeln, 230 Gramm Zucker,
70 Gramm Mehl, 70 Gramm Semmelbrösel, 1 Kaffeelöffel Zimt, 4 Eiweiß und verarbeitet alles zusammen zu einem Teig.

Hierauf wird er ausgewalkt und Sterne daraus gestochen. Bei mäßiger Hitze backen.

Hernach kann man sie statt einer Glasur mit Zuckerwasser überstreichen.

„Mandelbrötchen"

1/2 Pfund Mehl, 1/4 Pfund Butter, 60 Gramm Zucker, 3 Eidotter, 1 Eßlöffel Arrak, 1 Backpulver und abmachen. Häufchen auf's Blech setzen und bei mäßiger Hitze backen.

„Butterteig"

1/2 Pfund Mehl, 1/4 Pfund Butter, etwas Zucker 1 Ei; wird alles zu einem Teig verarbeitet und Formen ausgestochen. Beim Backen muß er weiß bleiben.

„Schokolade-Leibchen"

2 Eiweiß rührt man mit 128 Gramm Zucker schaumig, gibt 64 Gramm feingewiegte Mandeln, 2 Teelöffel Schokolade hinein, macht auf ein mit Oblaten belegtes Blech kleine Häufchen und bäckt sie bei mäßiger Hitze.

„Butterbrezeln"

1/2 Pfund Zucker, 3/4 Pfund Mehl, 1/2 Pfund Butter, 2 ganze Eier werden zu einem teig ausgemacht, kalt gestellt, Brezeln geformt, mit Ei bestrichen und gebacken.

„Zuckerteig"

3/4 Pfund Mehl, 3/4 Pfund Zucker, 3 Eier, 1 Messerspitze Ammonium-Aroma.
Teig machen, ausstechen, bei gelinder Hitze backen. Mit Eigelb oder Zucker glasieren.

„Meth"

1 1/2 Liter Wasser, 1 Pfund Kunsthonig, 1 Pfund braunen Farinzucker, 1/2 Päckchen Zimt, 1/2 Päckchen Nelken, in einem Säckchen mit auskochen, 1/2 Stunde.
1/2 Pfund Staubzucker (braunen) daruntermischen.

„Wasserburger Lebkuchen"

1/2 Pfund Zucker, 1/2 Pfund Honig und 5 Eidotter schaumig rühren, dann 1 1/2 Backpulver, Zimt und Nelken, 1/4 Pfund Orangeat, 200 Gramm geriebene Nüsse, 1 1/2 Pfund Mehl mit dem Eischnee hinzugeben. Kleine Leibchen formen, auf Oblaten setzen und backen.
Danach glasieren.

Sebastiani (20. Januar)

Eine alte Bauernregel sagt uns, dass um Sebastiani der Winter sich am kältesten zeigt. So hat also der Winter um diese Zeit seinen Höhepunkt. Um Sebastiani haben die Brauereien und Wirte das nötige Eis für die Eiskeller aus den oft weit entfernten Weihern geholt.

Sebastian ist ein bedeutender Bauernheiliger, der sehr viel Beachtung fand. Vor allem wird er als Pest- und Sterbepatron verehrt. Es gibt Sebastibruderschaften, und in vielen Pfarreien, wie z. B. in Bogen werden nach altem Gelübde Sebastiprozessionen abgehalten.

Gemeinsames Rosenkranzgebet fand an diesem Tag in Kirchen und Kapellen oder auch zu Hause, kniend vor dem Herrgottswinkel, statt.

Die Spinn- und Webstuben

(von Benefiziat Franz, 1915)

Spinnstuben sind weitverbreitete gesellige Zusammenkünfte der meist jungen Leute auf dem Lande an den Winterabenden, wobei das Spinnrad die geschäftliche Seite zu repräsentieren hat, oft genug aber auch nur den Vorwand für andere Vergnügungen abgibt. Es sind kleine festgeschlossene Gesellschaften, meist junger Mädchen, die sich an bestimmten Tagen, auch Abenden mit ihren Spinnrädern zusammenfinden, zuweilen in ein und derselben Wohnung eines der Weiberleut, bisweilen aber auch der Reihe nach wechselnd, je nachdem, ob die Räume die Versammlungen von etwa einem halben Dutzend Frauen und Mädchen gestatten.

Flachsbau und damit im Zusammenhange:

Handspinnerei und Weberei wurde noch vor einem halben Jahrhundert im ganzen Gebiete des Bayerischen Waldes in ausgedehnter Weise betrieben. „Selbstgesponnen, selbstgemacht, ist die schönste Bauerntracht" fand Anwendung und Bestätigung in fast jeder Familie der ländlichen Bevölkerung. Da traf man keine Hemden von Biber oder Flanell, keine Dr. Jäger-Hemden, sondern durchgehends solche aus Leinen. Fast die ganze für die Werktage dienende Kleidung wurde aus Leinwand selbst gefertigt, für Männer nicht minder als für weibliche Personen. In einer Familie mit mehreren erwachsenen Gliedern bedurfte man so jährlich einer großen Anzahl von Ellen Leinwand zum Hausgebrauch. Man trug mehrere Ellen in die Färberei und ließ sie meist dunkelblau, manchmal auch „gemustert" färben, um daraus Hosen und „Janka" für die männlichen, Schürzen und Röcke für die weiblichen Angehörigen der Familie fertigen zu lassen. Die Taschentücher der Männer, besonders der schnupfenden, waren nur aus gefärbter Leinwand. Der Überschuß an Leinwand wurde auf den Leinwandmärkten verkauft, die Elle je nach der Feinheit und Kunstfertigkeit des Gepinstes oder des Gewebes um 20 bis 30 Kreuzer, oder er wurde, wenn man auf solche Einnahme nicht angewiesen war, von der sorgsamen Hausfrau schön gerollt im Kasten aufbewahrt für spätere Bedürfnisse, etwa auch als Aussteuer für eine sich verheiratende Tochter.

Wenn nun auch der Flachsbau in guten Jahren eine ansehnliche Länge erreichte, den Familien eine gute Einnahme verschaffte, so ist dabei doch zu würdigen, dass kaum eine andere Feldfrucht dem Landmanne so viel Arbeit verursacht als gerade der Flachsbau. Trotzdem erfreute er sich des ausgedehntesten Betriebes, selbst in adeligen Häusern. In einem Kreisarchive aufbewahrten Aktenstücke findet sich über das Schloßgut Runding bei Cham aus dem Jahre 1563 die Aufzeichnung, dass der damalige Schloßbesitzer Herr von Eyb hundert Fuhren Flachs einheimste, wobei aber wohl auch Zehnten und Gülten inbegriffen waren. Die Adeligen damaliger Zeit taten sich leicht, denn die meisten Arbeiten mußten ihnen die „Hintersassen", die Untertanen, im Scharwerk oder Frohndienst verrichten.

So sehr vor hundert Jahren dieser Zweig der Landwirtschaft im Bayerischen Wald noch betrieben wurde, ebensoweit ist er jetzt zurückgegangen. Verschiedene Gründe werden hierfür angegeben. Einmal wird die Dienstbotennot dafür verantwortlich gemacht. Ferner kann die Hausindustrie mit den neuentstandenen Spinnfabriken nicht mehr konkurrieren, und der entscheidende Hauptgrund mag endlich der sein, dass auch im Bayerischen Wald die althergebrachte Volkstracht sich leider zum Schaden der Bevölkerung total geändert hat. Damit ist wohl auch der alte Brauch verschwunden, dass sich die Dienstmagd zu ihrem Lohne noch extra einige Ellen „wirchene" und einige Ellen „flachsene" Leinwand und die Knechte zwei bis vier leinene Hemden ausbedingen. Jetzt kauft man sich allerlei neumodisches Zeug, billig und schlecht und von kurzer Dauer. Auch eine Braut würde sich jetzt als hinterwäldlerisch beschämt fühlen, wenn auf dem Kammerwagen das hoch aufgebaute Brautbett mit leinenen, blau-weiß gewürfelten Überzügen Versehen wäre, obwohl ein solcher vier bis sechs aus Pers gefertigte überdauern möchte.

Es ist auch nicht zu hoffen, dass die früheren Verhältnisse je wieder zur Geltung kommen. Die nächste Generation wird kaum mehr eine blasse Ahnung haben, was sie sich unter dem Worte „Spinnstube" vorzustellen habe. Die heranwachsende Generation wird überhaupt in diese Handfertigkeit nicht mehr eingeübt. Es sei daher einem Augenzeugen gestattet, der Vergessenheit zu entreißen, wie es noch vor fünfzig Jahren in diesem landwirtschaftlichen Zweige gehandhabt wurde. War im Herbste die Getreidesaat bestellt und die nötige Holzstreu für den Viehstall gerecht, waren die Wiesengräben gereinigt und war der Getreidehanddrusch vollendet, dann konnte man sich ungehindert der Flachsarbeit widmen.

Der in kleine Bündel gebundene, von der Röste heimgebrachte und einstweilen in der Schupfe aufbewahrte Flachs (oder Lein) wurde in den Brotbackofen gebracht und darin ein bis zwei Tage gedörrt. Nun kamen die sogenannten Brechtage. Am frühen Morgen versammeln sich alle weiblichen Angehörigen des Hauses, meist auch noch einige Taglöhner, und besorgten unterm Dach oder in einer Schupfe das Brechen oder Knicken der Flachsstengel. (Vorher aber mußte der Flachs „geriffelt" werden, das heißt, die Samenköpfe mußten mit einem eisernen Kamm von den Stängeln gezupft werden. Dann kam der etwas durch Schütteln gereinigte Flachs auf den Schwingstock, wo er mit einer flachen Schwinge geschlagen wurde, hierdurch wurde die „Okamp'n, der Rest der zerbrochenen Stängel, entfernt).

Nach dem Schwingen wurde der so gereinigte Flachs gehechelt, d.h. durch enggestellte, auf einem Brett'l befestigte lange und sehr spitze Nadeln oftmals durchgezogen. Dabei trat die volle Scheidung der langen, feinen und kurzen, groben Flachsfaser ein. Letztere, das Werg, wurde nur zu grobem Garn versponnen. Damit war nun der Flachs für das Spinnrad vorbereitet. An den rauhen Wintertagen, wenn alle Arbeit außer dem Hause ins Stocken gerät, zogen sich die Weiberleut des Hauses nach vollendeter Stallarbeit in die große Stube zurück, die nun zur Spinnstube umgewandelt wurde. Dabei rückte man manchmal sogar den großen Bauerntisch aus der Herrgottsecke in die Mitte der Stube, und die Spinnerinnen (manchmal auch Männer) ließen sich eng aneinandergereiht an der Wandbank nieder, jedes das Spinnrad vor sich, rechts davon den Spinnrocken, an welchem der mit einer Holznadel zusammengehaltene Flachs mittels einer Schnur befestigt war. In der Mitte des Rockenstieles war ein kleines Tongefäß, manchmal auch ein Rindshorn angebracht, mit Wasser gefüllt, in welches die Spinnerinnen von Zeit zu Zeit den rechten Zeigefinger tauchten, um den unter ihren Fingern sich entwickelnden Faden zu netzen. Es gab sehr kunstvoll gebaute Spinnräder.

Während des eintönigen Surrens der Räder vollzog sich nun in der Spinnstube ein Stück poesievollen Volkstums, so dass dieselbe gleichsam als Spiegel des Volkscharakters des Dorfes, ja der ganzen Gegend betrachtet werden konnte. Es wurden da selbstverständlich zunächst alle Dorfneuigkeiten von redegewandten Personen erzählt, dies mit den unvermeidlichen Übertreibungen und Zutaten. Wenn Ungebührlichkeiten mit unterliefen, die namentlich bei anwesenden Kindern Ärgernis erregten, erschall aber schnell der Warnungsruf: „Vorsicht, d'Schindl sand auf'm Dach!". Es mangelte gar oft in der Spinnstube nicht an liederreichen Kehlen, dann wurden Volkslieder gesungen, meist zwei- oder noch mehrstimmig, mit dem so beliebten „Übersingen", wobei manche Perlen inniger Volkspoesie zum Vorschein kamen, die leider bereits der Vergessenheit anheimgefallen sind. Auch religiöse Lieder kamen zum Vortrage. Auch viele Weizgeschichten gab es zu erzählen, wobei nicht selten solches Gruseln hervorgerufen wurde, dass furchtsame Gemüter nicht mehr allein heimzugehen sich getrauten.

In solchen Spinnstuben wurden auch Kinder herangezogen zum Vorlesen aus religiösen Büchern, aus der Heiligenlegende, aus der Goffine, auch aus weltlichen Büchern.

Der Abschiedsgruß nach beendigtem Spinnabend lautete in der Regel:

„Kemmts fei morgn wieda in d'Roggarais!".

Es war Brauch, dass jede Person an einem Abend einen Strähn Garn spinnen sollte, das sind bis zu 3000 Ellen Faden (die Elle 83 cm).

Für Taglöhnersfrauen gab es für einen ganzen Tag Flachsspinnen nur sechs Kreuzer Lohn und dazu das Essen. Das war um das Jahr 1870.

In vielen Häusern wurde im Winter auch ein Webstuhl in der Stube aufgeschlagen, da die Kunst des Webens früher fast allgemein bei männlichen Personen geübt worden war; dabei gab es aber auch zahlreiche Lohnweber bei einem kümmerlichen Einkommen.

Wie sah es nun bei dieser häuslichen Beschäftigung bis gegen zehn Uhr nachts mit der Beleuchtung aus? Es war fast ausnahmslos der Birkenspan, welcher für das ganze Haus das nötige Licht schaffen mußte. Es waren aber diese Späne nicht etwa der Länge nach mit dem Spanschnitzer abgezogene Birkenschleißen, sondern mittels einer Art Drehbank über die Walze des Birkenstockes geschnittene Späne.

Im Bewußtsein seiner hohen Aufgabe ging der Bauer im Frühjahr hinaus in seinen Birkenberg und wählte mit Kennermine dort einige starke, gerade gewachsene, möglichst astlose Birken aus, deren Stamm in etwa meterlange Stöcke zerkleinert wurde.

Bei Gelegenheit des Brotbackens wanderten dann diese Birkenstöcke in die Nachhitze des Backofens, welche dem Holze alle Sprödigkeit nahm. Hierauf wurde der professionsmäßige Besitzer einer Spandrehbank engagiert, der mit seinem starken, scharfgeschliffenen Eisen von dem in horizontaler Lage um seine Achse sich drehenden Birkenabschnitt dreifingerbreite Späne abdrehte, wobei vier bis fünf Männer das Schwungrad der Drehbank in Bewegung setzten. Die Späne lösten sich unter der Schärfe des Eisens los, manchmal in einer zusammenhängenden Länge von mehreren Metern. Die Drehspäne wurden auf dem Hausschrot oder unter dem Dach getrocknet. Man drehte immer Vorrat für ein bis zwei Jahre.

In die Mitte der Stube wurde nun der Lichtstock gestellt, ein dreifußartig gewachsener Birkenstammabschnitt. In das oben eingebohrte Loch wurde ein besenstieldicker Stab gesteckt, auf diesen das Leuchtereisen (der „Spanhalter"). Der Span wurde in horizontaler Lage festgehalten und am anderen Ende angezündet.

Solch ein Spanlicht verbreitete im Zimmer soviel Helle, als zur Arbeit nötig war, allerdings auch einigen Rauch. Unter dem Lichtstock stand ein Gefäß mit Wasser zum Löschen der abfallenden, noch glühenden Reuspen. Trotz der Gefährlichkeit der Handhabung dieses Spanlichts gab es früher bei weitem nicht so viele Brände wie heutzutage.

Später stellte man auch Späne von Föhren her. Es wurde ein pechiges Föhrenscheit in etwa 15 bis 20 Zentimeter lange Stücke geschnitten. Diese wurden zu kleineren Stücken

(„Spreißel") gespalten und dann mit dem sogenannten „Spanschnitzer" geschließen (zerschnitten). Dieses Spanschnitzen geschah im Winter, meist an den Abenden. Solche Späne schnitt man gleich für ein ganzes Jahr zurecht.
Manche Leute aus der Stadt kauften sich auf dem Land oft solche gespaltenen Kienspäne. Eine ganze Kirm voll kostete nicht mehr als sechs Kreuzer = 17 Pfennig heutigen Geldes.

Das „Dreschermoi" (Dreschermahl)

Der alte Stofferlbauer, der Haimerl Hans, einer der Nachbarn unseres Elternhauses, war ein erfahrener Mann, mit Leib und Seele Bauer und zugleich ein guter Erzähler.
Als er in seinen alten Tagen im Austragsstüberl wohnte, habe ich ihn öfter besucht, und er hat mir viel und gerne aus seinen schaffensreichen Jahren erzählt und davon, wie es auf dem Hof herging, als seine Eltern den Hof noch „über" hatten. Da kamen wir ein mal über's Getreidedreschen zu reden.
„Ja", meinte der Hans, „das ist alle Jahre eine langwierige Arbeit gewesen, diese Drescherei mit den Drischeln. Um drei Uhr früh ist man zu Vaters Zeit zu viert oder zu fünft auf der Stadeltenne gestanden und hat mit dem Dreschen begonnen. Neben der Tenne ist an einer Säule eine große Laterne gehangen, darin hat ein Öllamperl gebrannt.
So Mitte November hat man gewöhnlich angefangen mit der Drescherei. Mitte Januar oder Anfang Februar ist meist ausgedroschen gewesen. Dass sich da alle ein wenig gefreut haben, kannst' dir schon denken, denn das Dreschen mit den Drischeln ist schon in die Arme gegangen, besonders den schwächlichen Dirnen. Wenn also ausgedroschen gewesen ist, hat meine Mutter alle Jahr' an einem Abend nach der Stallarbeit ein Dreschermahl angerichtet. Da hat's aber nicht saure Suppe und gekochte Kartoffeln gegeben, wie es fast jeden Tag Brauch gewesen ist, sondern da hat meine Mutter ein richtiges Festessen aufgekocht. Einen Tag zuvor hat die Mutter ein großes Holzkar (Holzschüssel) voll Kücheln gebacken, und der Vater hat ein Faß Bier vom Wirt heimgeholt. Größere Bauern haben die Bierfassl vom Wirt oder Bräu mit einem Roßwagerl (Gäuwagerl) heimgefahren. Kleinbauern haben es mit dem Rucksack heimgetragen. Mein Vater oder der Knecht haben das volle Bierfaß mit dem Schubkarren heimgebracht.
Am Abend nach der Stallarbeit, es ist meistens so um acht Uhr gewesen, hat jedes ein etwas besseres Gewand angezogen, und dann haben sich alle um den großen Tisch gesetzt. Alle Taglöhner, die zum Dreschen eingestellt waren, sind eingeladen worden. Die Mutter hat dann fest aufgetragen. Zuerst weizene Knödl (Semmelknödel), Kraut und Schweinsbraten. Als Nachspeis'hat es dann Bier und Küchel gegeben und auch Speitlmost. Auch hatte die Mutter immer frisches Schwarzbrot gebacken. Ich mein', ich seh' meine Mutter noch, wie sie immer wieder gesagt hat: "Eßt's no, eßt's no, is eng scho vogunnt!„. Alle sind gut aufgelegt gewesen, haben sich's schmecken lassen und haben dreingehauen wie eben richtige Drescher. Und der Hütbub hat öfter gemeint: „I kann nimmer!". Gar manches junge Bürscherl hätt' da bald ein „Spitzl" zusammengebracht. So um neun Uhr herum ist es nachher zur gemütlichen Unterhaltung gekommen. Ein oder zwei Redegewandte sind ja meist dabeigewesen, oder gar ein richtiges „Original", und denen ist immer wieder was Neues eingefallen. Wir haben da einmal einen Knecht gehabt, der hat Mundharmonika gespielt wie der Deifl.
So ein Abend ist schöner gewesen, als wenn man heute so armselig beim Fernseh' sitzt."

Maria Lichtmeß

Mit diesem Fest endet der Weihnachtsfestkreis. Wie in alten Schriften zu lesen ist, wurde Maria Lichtmeß schon bald nach Christi Tod gefeiert. In Kirchen wurden mit geweihten, brennenden Kerzen feierliche Lichterprozessionen gehalten. Versinnbildlichen doch die Kerzen Christus, das wahre Licht der Welt. Deshalb auch der Name „Lichtmeß".

Maria hat an diesem Tag im Tempel zu Jerusalem ihren Sohn seinem himmlischen Vater geopfert. Durch die Lichter, die am Lichtmeßtag geweiht werden, soll auch das Feuer der Liebe zu Gott in unseren Herzen brennen, das niemals mehr erlöschen solle.

Der Lichtmeßtag stand einst in hohen Ehren, was heute im Allgemeinen nicht mehr der Fall ist.

Das ländliche Brauchtum zum Lichtmeßtag habe ich ausführlich in meinen bereits erschienenen Büchern „Brauchtum in der Bauernstubn" und „Land- und Bauernleben" beschrieben.

Lassen wir über die Lichtmeßzeit noch die einstige Volkskundlerin Klara Hackelsberger zu Wort kommen:

Die Kälberweil oder Schlenkltag'

von Klara Hackelsberger

Lichtmeß, Georgi, Martini waren bei uns daheim im Wald die Ziel-, Zahl- und Zinszeiten. Die „Hirwa" (Herberge) wurde an diesen Tagen „gestiftet" (gemietet), der „Hirwazins" (Miete) bezahlt, Wohnungen und Kapitalien gekündigt bis zum nächsten Ziel.

Für die Ehehalten war Lichtmeß Zahltag, die vierzehn Tage danach ihre jährliche Freizeit, die „Kälberweil". Der Tag nach Lichtmeß mußte dazugegeben werden als Ersatz für die Zeit, die unter dem Jahr im Holzhäuschen (Abort), das neben dem Düngerhaufen steht, verbracht wurde.

Am 3. oder 4. Februar war dann erst Ziehtag (Umziehtag). Nach dem Mittagessen setzte sich der Bauer an den Tisch in der Wohnstube, vor ihm lagen die Dienstbotenbücher der damaligen Zeit, neben jedem derselben der Lohn und die „Zughör". Dann kamen alle der Reihe nach herein, zuerst der große Knecht, die große Dirn, der Hütbub und zuletzt der Kuchelgritsch (Hausmädchen).

Meist bekamen die Ehehalten ihren vollen Lohn noch zu Lichtmeß ausbezahlt, es gab aber unter den jungen Knechten manchmal auch ein leichtes Tuch, das allsonntäglich den auf die Woche entfallenden Lohn einbrachte und am gleichen Tag noch verjubelt wurde.

Oft brauchten auch die alten Eltern eines Knechtes oder einer Dirn finanzielle Hilfe, und da gab der Bauer gerne mit Einverständnis der bei ihm Dienenden den ganzen Jahreslohn im voraus.

In den Jahren vor dem Ersten Weltkrieg hatte ein Knecht im Jahr 100-120 Mark Lohn, eine Dirn 85 Mark, eine Kleindirn und ein Kleinknecht 20-50 Mark und der Hütbub und das Hausmädchen 20, höchstens 30 Mark. Den Löhnen war damals der alte bayerische Gulden, umgerechnet in Mark, zu Grunde gelegt; ich erinnere mich noch sehr gut, wie mein Vater einmal einen sehr tüchtigen Knecht dingte, der durchaus nach „Karlin" gedungen werden wollte (1 Karlin waren ungefähr 18 Mark 20 Pfennig). Die alten Waldler hatten an der in den Siebziger Jahren des vorigen Jahrhunderts eingeführten Markwährung so wenig Freude wie am neuen Bismarck-Reich; deshalb dauerte es bis in die Neunziger Jahre, bis sie sich restlos darauf eingestellt hatten.

Außer dem Barlohn gab es noch die „Zughör" (Zubehör). Die Mannsbilder bekamen jeder vier Hemden, ein feines weißes Baumwollhemd als Feiertagshemd, ein flachsernes aus selbstgesponnenem Leinen und zwei wirchene. Alle vier aber hatten ganz rauhe „Stöß", das heißt, der untere Teil jeder „Pfoad" war mit ganz grober Leinwand angesetzt. Die Dirnen bekamen statt der Hemden die entsprechenden Ellen Leinwand. Auch durften sich alle Ehehalten etwas auf's Feld bauen, und zwar in der Weise, dass der Bauer die „Biefänge" auf seinem Acker düngte und bearbeitete und den Samen hergab. Die Ernte aber mußten die Ehehalten selbst einbringen. Die Knechte bauten meistens Weizen, dessen Ertrag sie ihren Eltern gaben, oder ihrer Familie, wenn sie verheiratet waren. Hatten sie für niemanden zu sorgen, so verkauften sie ihn auf dem Halm. Die Dirnen bauten Flachs zur Bereicherung ihrer Leinwandtruhe. Zur Zeit der Flachsernte gab es in den Nächten oft ein lustiges Flachsarbeiten in der Scheune, denn bis der Lein silberglänzend in der Truhe lag, mußte er durch viele Hände gehen, wobei sich Knechte und Dirnen gegenseitig halfen.

In den letzten Wochen vor Lichtmeß war die Störnäherin im Haus, um die Lichtmeßhemden zu machen, und,bei der Stallarbeit und auf dem Hof tönten die lustigen Lichtmeßgsangl:

„Klaub zam deine Hadern,
klaub zam deine Flöck!
Eiz wird's holt bold hojßn:
vom Rötzer moußt weg."

In Stube, Stall, Hof, Scheune und Schupfen war alles sauber geputzt und zusammengeräumt, denn es wäre eine Schande gewesen, im neuen Jahr einen alten Dreck übrig zu lassen.

In den nun kommenden vierzehn Tagen ruhte alle Arbeit, das Vieh mußte der Bauer mit seinen Angehörigen selber versorgen.

Wenn der Hof ein oder zwei Inhäuseln mit Inleuten hatte, die im Sommer zum Bauern in die Arbeit gehen mußten, übernahmen diese den Stall. Für die Inleute war Georgi der Ziehtag.

Da meist auch der Fasching in die Zeit der Kälberweil fiel, gab es in diesen Tagen viel lustiges Leben in den sonst so stillen Walddörfern.

Schlitten und Steirerwagerl fuhren Straß' auf und ab, um die Habseligkeiten derjenigen, die ihre Stelle wechselten, in das neue Heim zu bringen.

Und viele Hochzeiten wurden in der Kälberweil gefeiert! Die Ehehalten heirateten deshalb gerne zu dieser Zeit, weil sie da Bargeld in der Hand hatten, wenn sie das Jahr über fleißig gespart hatten. Manchmal hatten auch zwei unterm Jahr „das Hausbrot gegessen", das heißt im Haus des Dienstherrn eine Liebschaft gehabt, die zur Heirat drängte. Der Bauer durfte freilich davon nichts wissen, sonst hätte er mit einem der beiden unterm Jahr schon „Lichtmeß gemacht".

Es war keine Seltenheit, dass Ehehalten oft 20 und 40 Jahre auf einer Stelle waren, manchmal sogar bis an ihr seliges Ende.

Das Wachs im Brauchtum

Der Tag Maria Lichtmeß ist einer von denen, die der Gottesmutter geweiht sind.

Der alte Wiesmeier vom Bogenberg, er ruht schon lange im Grabe, erzählte mir noch so schön, wie er die Lichtmeßtage erlebt hat.

„Ja, mein Lieber, der Lichtmeßtag, der ist hauptsächlich beim Bauernvolk hochgeschätzt gewesen. Da hat es zu Mittag ein besonderes Festessen gegeben, meist gesottenes Geselchtes und gewöhnlich nach dem Essen den hart verdienten, abgemachten Jahreslohn. Am Vormittag aber ist in der Kirche beim Gottesdienst feierliche Wachsweihe gewesen. Eine Bauerstochter oder eine Dirn hat in einem schönen Zierkörbchen stolz eine Menge farbige Wachsstöckl zur Kirche mitgetragen. Am Mittag nach dem Essen hat jede Dirn (Magd) und jede schon größere Tochter je nach Rang von der Bäuerin so ein schönes und geweihtes Wachsstöckl bekommen.

Die Mädchen sind stolz darauf gewesen und haben sie alle Jahr' zu ihren wenigen Raritäten in den Schrank oder in die Truhe gelegt. Diese schönen Sachen haben dann einmal zum Kammerwagen gehört. Manche Braut hatte da schon 30 bis 40 solche Wachsstöckl beisammen. Man hat sie dann während des Jahres bei verschiedenen Anlässen verwendet, z. B. bei Sterberosenkränzen, bei den Abendrosenkränzen in der Allerseelenwoche, bei den Rorateämtern in der Adventszeit oder auch bei Leichen (Trauergottesdiensten). Für eine Beerdigung hat es aber auch eine besonders große und schöne „Hauskerze" gegeben, die hat es früher auch bei Wallfahrtsorten zu kaufen gegeben. Sie sind ungefähr 70 bis 90 Zentimeter lang gewesen und etwa sechs Zentimeter dick. Diese herrlichen Kerzen sind hauptsächlich im Gäuboden Brauch gewesen, weniger bei den Waldlern. Zur Weihe am Lichtmeßtag hat sie meist ein junges Mädel, aber manchmal auch, in schönes Papier gewickelt, der Hausherr selber getragen. Meist sind die Hauskerzen auch mit Blumen bemalt gewesen und in der Mitte mit einer Madonna. Ich glaube, solche Wachsmaler sind ausgestorben.

Wenn nun auf dem Hof der Bauer oder die Bäuerin im Sterben gelegen sind, so hat man diese große geweihte Kerze aus dem Kommodenschubladen geholt, hat sie angezündet und neben dem Sterbenden auf dem Boden oder auf einem Tischerl aufgestellt. Beim Leichenzug dann hat man eine schwarze Schleife um die Kerze gebunden und sie ist brennend hinter dem Sarg getragen worden. Wenn der Verstorbene einst einem Kind den Taufpaten oder die Taufpatin gemacht hatte, so hat der Täufling nach altem Brauch die Kerze tragen dürfen, was eine bestimmte Ehre gewesen ist. Hatte der Verstorbene nur einen Firmling, so hat dieser die Erstkommunionkerze brennend hinter dem Sarg getragen.

Bei einem gefallenen Soldaten ist bei der Beerdigung die Hauskerze an der Spitze des Leichenzuges getragen worden. Bei einem verstorbenen Mann hat gewöhnlich ein Bub die Kerze getragen und bei einer Frau ein Mädel. Immer war es aber ein Kind aus der Verwandtschaft oder Nachbarschaft. Nach der Beerdigung ist diese würdevolle Kerze wieder in ein Tuch oder Papier gewickelt und in einer Truhe oder Kommode verwahrt worden." Soweit der Erzähler Wiesmeier.

Nur äußerst selten wurde so eine Hauskerze in einer Kirche als Votivgabe (aus Dankbarkeit) geopfert. Einen einzigen solchen Fall konnte ich erfragen, nämlich beim Popp in Mitterfels. Als im Jahre 1948 der Sohn Josef aus der Kriegsgefangenschaft heimgekehrt war, ist seine Mutter so erfreut gewesen, dass sie als Dank für die Heimkehr diese große Hauskerze in die Kirche von Mitterfels trug und sie dort der Muttergottes opferte. Schließlich brauchte man jene Kerzen auch nicht mehr, da es keine Leichenzüge mehr gab, weil bereits Leichenhäuser standen. So starb der liebevolle Brauch der Hauskerze aus. Die von der Familie Popp gestiftete Kerze stand dann neben dem Hochaltar

und wurde jeden Tag beim Gottesdienst angezündet, bis sie ganz abgebrannt war.
Heute ist der alte Brauch der Hauskerze fast vergessen. Fast vergessen sind auch die vielerlei geweihten Kerzen und Wachsstöcke. Sie brachten beim gläubigen Volk viel schönen Brauch, Segen und Herzenswärme in die Familien.

Das „Winteraustreiben"

(ein uralter Brauch)

Wenn die Frühjahrssonne die ersten Schneeglöckerl aus der Erde lockt, dann machten sich einst jedes Jahr zwei Burschen oder auch ältere Männer auf den Weg zum Winteraustreiben:

Man könnte sie für zwei komische Kauze halten, weil einer sich eine dicke Winterjoppe übergezogen hat, der andere aber gar hemdsärmelig daherkommt; als wenn „der Auswärts" schon vorbei wär'! Zum Arbeiten scheinen sie auch nicht gerade aufgelegt zu sein, sonst hätte der erste seinen hölzernen Dreschflegel nicht mit bunten Papierrosen behangen, und der zweite seinen Holzrechen nicht mit einem grünen Buschen geschmückt. Was will er überhaupt mit dem Rechen? Das Gras dazu muß erst einmal wachsen!

Gar nichts wollen sie! Als nur ihr Sprücherl sagen vom Winter und Sommer, und sich bei jedem Refrain recht kräftig auf die Schulter tuschen (die aus feinen Holzblättern selbst zusammengebastelte Tusche ist darnach!), und dann wollen sie gar nichts mehr als nur ein schönes Trinkgeld dafür.

Vom Fensterbrett aus kann man ihnen am schönsten zuschau'n. Wie sie hinten bei der Tür recht tolpatschig im Kreise gehen, wie sie bei den Wiederholungen am Versende plötzlich so flink und lebhaft werden -das Zuschlagen tun sie mit sichtlicher Freude!- und wie schließlich der Sommer den Winter kurzerhand zur Tür hinausjagt; du sollst aber sehen, wie schnell der wieder herinnen ist! Einerseits, weil noch ein gemeinsames Verslein kommt; andererseits sicherlich auch, dass ihm nicht auskommt, wieviel die Bäuerin als Dankeslohn herrichtet. Verdient haben sie es schon, denn ihr Vers ist gar lang!

S. Bin ich der Sommer, bin ich genannt,
ich gehe den Sommer über das Land,
ich gehe das Land hin und wider,
verkauf' mein Brot und bettl' mir's wieder.
Wenngleich die Leut sagn, ich bin verdorbn,
bin i do' a reicher Kaufmann word'n.
Herr, i du mein, der Sommer is' fein!

W. Trete ich herein so fest.
Ich grüß den Herrn und all seine Gäst.
Grüß ich euch und die andern nicht,
so glaub ich, bin ich der rechte Winter nicht.
Herr, i du mein, der Winter is' fein! :

S. Geh ich übers Angerl,
dös is so schö grün,
da singan dö Vögerl
in den Lüften so schön.
Herr, i du mein, der Sommer is' fein!

W. Geh ich übers Angerl,
dös is schö weiß,
da schießen die Herren
und alle Leut Eis.
Herr, i du mein, der Winter is' fein!

S. Es kommt die schöne Osterzeit,
da haben die Alten und die Jungen a Freud.
Herr, i du mein, der Sommer is' fein!

W. O Sommer, wie bist du stolz!
I bau mir a Bruck und brauch koa Holz.
Herr, i du mein, der Winter is' fein!

S. Jetzt kommt der Jakobitag,
da schneiden d'Bauan 's Korn und Weizen ab.
Herr, i du mein, der Sommer is' fein!

W. Schneidst dir's du ab, so drisch ich's mir aus
(schlägt mit Drischel auf den Boden)
und mach mir meine guatn Dampfnudln draus:
Herr, i du mein, der Winter is' fein!

S. Jetzt kommt der Bartholomäitag,
da schüttln die Bauern ihre Birn und Äpfl ab.
Herr, i du mein, der Sommer is' fein!

W. Und schüttelst du's ab, so klaub ich mir's aus
und mache meine ganz guatn Speitln draus.
Herr, i du mein, der Winter is' fein!

S. Jetzt kommen die Weihnachtn
wo die Bauern ihr Schwein schlachtn.
Herr, i du mein, der Sommer is' fein!

W. Auf Weihnachtn
tun d'Bauern ihr Schwein schlachtn,
und auf d'Lichtmessn
ham sie's schon wieda zsamgfressn.
Herr, i du mein, der Winter is' fein!

S. O Winter, du bist mir a groba Gesell,
du treibst die altn Weiber hintrö in d'Höll.
Herr, i du mein, der Sommer is' fein!

W. O Sommer, du bist a groba Bauer,
du machst der Bäurin an Milchrahm sauer.
Herr, i du mein, der Winter is' fein!

S. O Winter, du hättst mei Tochter gern,
i gäb's dir nöt, sollst glei stocknarrisch werdn.
Herr, i du mein, der Sommer is' fein!

W. O Sommer, die Tochter is a grobe Haut,
sie kocht an Spülhodan hinters Kraut.
Herr, i du mein, der Winter is' fein!

S. O Winta, über mei Tochta darfst ma gar nöt vui sagn,
i werd di glei vor da Tür drauß'd hab'm!
(wirft ihn hinaus)

W. (kommt gleich wieder herein)
O Sommer, du hast recht,
du bist mei Herr und i bin dein Knecht.

Beide:

Und wollen wir dieses Jahr wieder beisammen bleibm
und wollen wir miteinander auf d'Kerschbaam steign.
Und an Bauern Wünsch ma a goldene Haubm,
und da Bäuerin an christlinga Glaubm.
Und weil da Bauer hat a Paar schwarze Schuh,
deswegn geht er damit dem Gotteshaus zu.
Und weil der Bauer auf Gott so vertraut,
so hat er Glück, ob er sät oder baut.
Und weil der Bauer s'Glück a so hat,
so tatn mia bittn um a kloanö Gab!

Aschermittwoch

An diesem Tag wird in den Kirchen vielen Gläubigen vom Priester mit geweihter Asche das Kreuzzeichen auf die Stirn gezeichnet. Man nennt dies „Einascheln". An manchen Orten ist es heute noch Brauch, dass Burschen, denen im Fasching das Geld ausgegangen ist, am Aschermittwoch morgens geschlossen zu einem Bach oder Weiher zum sogenannten „Geldbeutelwaschen" gehen.

Auch der Brauch des „Faschingeingrabens" ist bei manchen noch nicht vergessen. Nimmt aber die Flut der Eile und Hetze, wie sie sich immer mehr ausbreitet, kein Ende, so werden bald auch noch diese Bräuche der Vergangenheit angehören.

Die Fastenzeit

Das lateinische Wort Septuagesima bedeutet auf deutsch die Zahl 70. Fromme Christen und besonders die Geistlichen pflegten in den ersten Zeiten der Kirche 70 Tage vor Ostern zu fasten. Deswegen wird dieses Fasten „Septuagesima" genannt. Manche Christen fingen 60 Tage vor Ostern zu fasten an, und dies nannte man „Sexagesima". Auch 50 Tage fasteten manche, was man „Quinquagesima" nannte.

Das vierzigtägige Fasten, das heute noch Brauch ist, nennt man „Quadragesima". Diese Fasttage hat man einst sehr streng eingehalten.

Josefi (19. März)

Aus dem Leben des Hl. Josef wissen wir fast nichts. Nicht einmal sein Grab oder seine Reliquien sind bekannt. Doch wurde Josef viel verehrt und noch bis um 1910 wurde vom katholischen Volk sein Namenstag gefeiert. Als längst abgeschaffter Feiertag ist er noch heute geachtet. Alle Jahre treffen sich „Seppen" und feiern einige Stunden gemeinsam und gemütlich den Namenstag. Es ist schön, dass immer wieder Eltern einen Josef taufen lassen. Auch dies ist ein kleiner Beitrag zu echter bayerischer Tradition. So heißt z. B. mein Vater im Volksmund „der Hammersepp", weil er aus einer Hammerschmiede stammt. Einer seiner Söhne ist der „Hammerseppnsepperl" und wieder dessen Sohn ist halt der „Hammerseppnsepperlsepperl".

Unser Vater hat uns Kindern oft erzählt, was ihm schon seine Mutter erzählt hatte:

„Im Jahr 1889 ist es gewesen. Als die Mutter am Josefitag hochschwanger von der Kirche heimging, hat der Hast (Harst) noch getragen. Sie konnte also über Wiesen und Felder auf dem gefrorenen Schnee heimlaufen. Am vierten Tag darauf hat sie den Josef geboren."

Der Palmsonntag

Er war alle Jahr ein gewisser Freudentag, besonders für Kinder, die eine schön geschmückte Palmgart zur Weihe in die Pfarrkirche tragen durften. Palmzweige wurden, wie man in alten Büchern findet, von Priestern schon im frühen Mittelalter geweiht.

In meiner Heimat Rattenberg wurden die Palmgerten vor allem mit Buchsbaum, Segenbaum, Palmkätzchen und bunten Seidenbändern geschmückt. Manche Buben trugen bis zu acht Meter hohe, herrlich hergerichtete Palmgerten zur Weihe. Man hat im Volksmund sogar hören können:

„Wer die längste Palmgart hat, der bringt die größte Weihe heim."

Die Palmprozessionen mit den vielen flatternden Palmgerten bei der Kirche schufen freudige, frohe Herzen. Den geweihten Stamm der Palmgart warfen wir daheim alle Jahre am Mittag des Palmsonntags auf unser Hausdach. Wie unser Vater, gottselig, meinte, solle dann das Jahr über kein Blitz einschlagen. Die geschmückte Krone wurde abgeschnitten und auf den Dachboden gebracht.

Ich fand bei meinen unzähligen Informationsfahrten auf manchem alten, unberührten Dachboden bis zu 40 und mehr mit Bändern geschmückte Palmgertenkronen. Sie lehnten gewöhnlich an den Außenseiten.

Ab dem Palmsonntag bis zum Ostersonntag wurde an den Abenden in den Familien viel gebetet. Wie meine liebe Großmutter mütterlicherseits noch wußte, waren für jeden Tag in der Karwoche eine bestimmte Zahl Vaterunser zu beten der Brauch. Frau Ellmann erzählte: „In der Altrandsberger Gegend war es in einigen Familien um 1900 noch strenger Brauch, dass jedes, das schon erwachsen war, am Ostersonntag mittags vor dem Festessen neben dem geweihten Ei auch drei Palmkätzchen von der geweihten Palmgart verschlucken hat müssen. Wollte sich eines weigern, bekam es auch sonst nichts zu essen."

Ja, so alte Bräuche waren halt auch leider oft mit Aberglauben verbunden.

Die Kreuzwegandachten in der Karwoche

Zu vielen Wallfahrtskirchen und Kapellen führen Kreuzwegstationen mit 14 Darstellungen der Marter und Leidensgeschichte Jesu. Diese, gar oft künstlerischen, Arbeiten waren vom Volk einst würdevoll geschätzt. Während der großen Fastenzeit vor Ostern und besonders in der stillen Karwoche wurde mit besonderer Andacht im Freien bei diesen Stationen ein- oder gleich zweimal in der Woche der heilige Kreuzweg gebetet. Dazu fanden sich aus der näheren Umgebung oft Scharen von Menschen zusammen. Solche Kreuzwegstationen im Freien wurden zum großen Teil von religiös gesinnten Bauern gestiftet. Zum liebevoll ausgestatteten und weitbekannten Wallfahrtskirchlein Neurandsberg führten einst auch 14 sehr gut handwerklich aus Granit gearbeitete Stationen. Sie wurden von frommen Leuten der Umgebung gestiftet. Dieser schöne Kreuzweg wurde am Schutzengelfest (3.September 1822) vom Franziskanerpater Dannenbeck von Neukirchen b. Hl. Blut unter großer Teilnahme des Volkes eingeweiht.

In meiner Kinderzeit wurden in der Fastenzeit vor Ostern jeden Donnerstag gegen Abend die 14 Stationen den steilen Berg hinauf abgebetet. Bei jeder Station wurde niedergekniet und ich erinnere mich gut an Frauen, die alle 14 Stationen auswendig vorbeteten.

Eines Tages dann (man möchte es kaum für möglich halten) fiel es dem damaligen Herrn Pfarrer Meier ein, diese herrlich verarbeiteten und würdevollen Steinsäulen abreißen zu lassen. Auf meine Frage hin, wieso er das tue, bekam ich zur Antwort: „Die Leute beten diesen Kreuzweg sowieso nicht mehr!" Erstens stimmte diese Ausrede nicht, und zweitens sind es immer noch schöne Flurdenkmäler gewesen. Vor mehreren Jahren wurden nun von Bauunternehmer Wolfgang Bergbauer die Kreuzwegstationen durch neue (freilich nicht mehr so wertvolle) ersetzt.

Das Osterfest

Es ist der Tag, an welchem Christus von den Toten auferstanden ist. Von Millionen von Menschen wird das Halleluja froh angestimmt, welches auf deutsch „Lobet Gott" heißt. Es ist Grund zur Freude, denn durch die Auferstehung Christi wurde uns Hoffnung auf ewige Seligkeit verschafft. In früheren Zeiten hat man zu Ostern nur stehend gebetet, zum Zeichen, dass Christus auferstanden ist. Feste machen Freude. Wenn Christus vom Grabe auferstanden ist, dann dürfen wir Ostern als das größte Fest des Jahres anerkennen. Zu mir sagte ein lebensfrohes junges Mädel vor einigen Jahren: „Ich finde es gar nicht schön, dass Ostern nicht feierlicher gestaltet wird". Jeder kann dazu beitragen, ein Fest schön und gut zu feiern. Wie haben es doch unsere Vorfahren in einer in mancher Hinsicht ärmeren und härteren Zeit verstanden, viele Feste zu echten Freudentagen zu machen. Zum frohgestimmten Osterkirch-

gang wurden die festlichsten Kleider aus Kasten und Truhe geholt, wenn's nicht gar ein neues Kleid litt, wie es ja bis um 1900 zu Ostern alter Brauch war. Beim Kirchgang zu Fuß unterhielt man sich frohgestimmt und niemand wurde von einem Auto gestört. So konnte auch eine richtige Dorfzusammengehörigkeit fortleben, was heute fast verloren ist.

In den Kirchen wurden auf den Emporen festliche Messen angestimmt und diese wurden von Blechinstrumenten oder Geigen auf's beste begleitet, und dies nicht um Geld, sondern aus Liebe zur Festlichkeit und guten Musik sowie zur Ehre Gottes. Ich denke heute bei solchen

Festen gerne zurück an meine einstige Heimatkirche Rattenberg und an die so tüchtige Blaskapelle Holzapfel. Lauter ehrbare und charaktervolle Männer waren es, die alle Jahre ihr Bestes taten, um das Osterfest besonders liebevoll zu gestalten. Wenn wir Chorsänger zur Opferung vierstimmig das wunderschöne Auferstehungslied „Der Heiland ist erstanden" sangen, das von der Musikkapelle nach guter Vorbereitung so trefflich und würdevoll begleitet wurde, dann drangen diese ergreifenden, liebevollen Töne nicht nur tief in die Herzen der vielen Kirchenbesucher, sondern es war eine Bereicherung für den hohen Festtag.

Wenn sich heute der Wohlstand schon so weit eingeschlichen hat, dass es Pfarreien gibt, bei denen auch an den größten Festtagen vom Kirchenchor keine feierliche Messe mehr erklingt, so kommt es nicht nur zu ein wenig Armseligkeit, sondern man nimmt sich selber viel Herzensfreude weg.

Christi Himmelfahrt

Zehn Tage vor dem Pfingstfest, so ist uns überliefert, ist Christus in den Himmel aufgefahren. Es war am Ölberg, auf dem er gelitten, wo er seine Apostel und viele andere Gläubige um sich versammelt hatte. Nachdem er alle Umstehenden gesegnet hatte, fuhr er als Gott und Mensch zugleich in den Himmel auf. Noch um 1900 und später wurde in vielen Pfarrkirchen an diesem Tag die Himmelfahrt Christi nachgeahmt. Während der hl. Messe wurde ein kleiner hölzener Heiland zur Kirchendecke hoch und durch ein Deckenloch gezogen. Das war gewöhnlich Arbeit des Mesners. Bevor nun dieser Heiland durch die Decke verschwand, paßten die Leute immer gut auf, in welche Richtung er schaute. Von jener Richtung, so glaubte man im Volke, kommen den ganzen Sommer die Gewitter her. Schaute er auf die zwei kalten Seiten (nach Norden oder Osten), so waren für den kommenden Sommer gefährliche Gewitter zu erwarten.

Der Schauerfreitag

Es ist der Tag nach Christi Himmelfahrt. In jeder Pfarrei wurde an diesem Tag einst ein feierlicher Flurumgang gehalten. Fahnen und der Himmel wurden dabei mitgetragen. In den Pfarrkirchen hat man in dieser Zeit fleißig den Rosenkranz laut gebetet und vom Priester wurde der Wettersegen gespendet.

Der Georgitag (23. April)

Der heilige Georg gehört zu jenen volkstümlichen Heiligen, die einst vom Volk besondere Verehrung bekamen. Georg war Soldat und zugleich ein Kämpfer für Christus, weshalb er auch im vierten Jahrhundert als Märtyrer sein Leben opferte. Er wird als Drachentöter dargestellt und wurde auch zum Schutzpatron der Soldaten. Ihm zu Ehren wurden sogar Münzen und Medaillons geprägt.

Um 1900 war es noch weltlicher Brauch, dass die „Häuslleut" eines Bauernhofes ihre Wohnung wechseln mußten, wenn es so vereinbart war.

Die Maiandachten

Wenn längst der Frühling Einzug gehalten hat, wenn alles sproßt, keimt und blüht, dann feiert besonders das Landvolk den Wonnemonat Mai.

An den Abenden eilen Groß und Klein frommen Mutes zu den Kirchen oder Dorf- und Feldkapellen, um der Gottesmutter, der Schutzpatronin Bayerns, bei den Maiandachten eine kleine Ehre zu erweisen. Wie schön ist es, wenn dabei die immer wieder liebevollen Marienlieder erklingen. Das hat auch sein Wertvolles, denn es werden unsere alten Lieder vor der Vergessenheit bewahrt. Sollen doch diese Lieder immer wieder weitergegeben werden an unsere Kinder und Kindeskinder, an Volksmusikgruppen, Chorsänger und Liedertafeln.

Es wurden einst Marienlieder angestimmt, die heute bald der Vergangenheit angehören,

wie z.B.:

„Maria voller Ehr", „Wie schön erglänzt die Sonne", „Maria Himmelskönigin", „Es blühen drei Rosen", „Sei gegrüßt viel tausendmal".
Mögen all diese immer wieder herzerfreuenden Lobgesänge nicht nur für wenige, sondern für alle erhalten bleiben, bis ans Ende der Menschheit.

Die drei Eisheiligen

Am 12. Mai begehen wir das Namensfest des heiligen Pankratius, am 13. Mai das des Servatius und am 14. Mai das des heiligen Bonifatius.
Vom Volk werden sie die drei Eisheiligen genannt. Es kommt nämlich oft vor, dass diese Nächte nochmals strengen Frost bringen und den Gartenbesitzern, die schon fleißig angebaut haben, viel Schaden anrichten.
Die drei genannten Männer waren einst große Kämpfer für den katholischen Glauben. Pankratius und Bonifatius starben im vierten Jahrhundert als Märtyrer.

Das Pfingstfest

An diesem Tag waren die Apostel mit Maria beim Gebet versammelt. Da erschien ihnen sichtbar der Hl. Geist in Gestalt feuriger Zungen. Zum Gedächtnis wird alle Jahre dieser Tag feierlich begangen.
Außerdem werden zu Pfingsten, besonders in unserem Bayerischen Wald, noch uralte Bräuche gepflegt, z. B. wird am Pfingstmontag von den traditionsbewußten Holzkirchenern eine 13 Meter lange und über einen Zentner schwere Kerze zum ältesten Wallfahrtsort Niederbayerns getragen. Vor solch opferwilligen Menschen sollte der Hut gezogen werden. Ein sehr würdevoller Brauch ist auch der weltbekannte Pfingstritt alle Jahre am Pfingstmontag in Kötzting. Über einen uralten Pfingstbrauch, der alle Jahre am Pfingstmontag unter großer Beteiligung begangen wird, schreibt Schierghofer:
„Das Englmarisuchen in St. Englmar ist unter Altbayerns Umritte einzuordnen. Der Ortsgeschichte ist zu entnehmen, dass der aus Schlöglleuthen bei Passau stammende Einsiedler Englmar um Heilig Dreikönig 1100 von seinem Mitgefährten und Knecht erschlagen und unter Schnee und Reisig verscharrt worden sei. Erst zu Pfingsten hatte man den braven Einsiedler gefunden.
Maximilian Schmidt erlebte das Englmarisuchen 1884 so:
„Der Prozession reiten hunderte von Reitern voraus, lauter prächtige Bauerngestalten mit festlich geschmückten Pferden.
Ein uralter Brauch, der einst zu Pfingsten gepflegt wurde, war das Pfingstspiel. Wie mir alte Mitterfelser noch so schön erzählten, konnte man dieses Spiel mit dem "Pfingstl„, obwohl es vor allem im Unteren Bayerischen Wald Brauch war, auch am Gallnerberg bei Konzell erleben. Es ist ein Spiel, das sicher noch in heidnische Zeiten zurückreicht.

Der Prangertag (Fronleichnam)

Er hat seinen Namen daher, dass die katholische Kirche an diesem Donnerstag das Gedächtnis der Einsetzung des allerheiligsten Sakramentes des Altares oder des Leibes und Blutes Jesu Christi in den Gestalten von Brot und Wein begeht. Papst Urban IV. hat dieses Fest 1264 für die ganze Christenheit eingeführt.

Dieses, von christlichen Menschen froher Gesinnung begangene Fronleichnamsfest fällt meist in den Monat Mai. Der die Fluren und Menschen segnende Herrgott wird in der Monstranz in Begleitung ganzer Menschenscharen durch die Fluren getragen. Bei jedem der vier auf's schönste hergerichteten Altären im Freien wird das Evangelium gelesen.

Der Prangertag wurde in früheren Zeiten mit heute fast unvorstellbarer Pracht begangen. Vereinigungen, Bruderschaften und Handwerkszünfte trugen bei zur größeren Würde. „Prangen" kommt von Schönheit (er prangt vor Schönheit). Besonders die Frauen und Mädchen trugen bei der Prozession die festlichsten Kleider mit Schmuck, und Kinder streuten Blumen. Kränzchen, die daheim meist aus Thymiankraut geflochten wurden, trugen die Ministranten in großen Körben mit. Sie wurden vom Priester geweiht und daheim im Stall, vor allem aber in der Herrgottsecke in der Stube das ganze Jahr über aufbewahrt. Sie sollten vor Blitz und Brand schützen.

Klara Rötzer schreibt im Jahre 1922 so lieb über den Prangertag:

(Jugenderinnerungen an Neukirchen b. hl. Blut)

„In meinem Elternhause gab es ein Heiligtum, das die ganze Zeit über dem sehnenden Kinderherzen verschlossen blieb und nur einmal im Jahr seine Pforten öffnete und den staunenden Kinderaugen seine Herrlichkeit kundtat. Es war dies die „schöne Stube", ein saalartiges Zimmer mit großen Fenstern, vor denen sommerslang der reichste Blumenflor blühte und hinter denen sich im Morgenwind blendend weiße Mullvorhänge bauschten, durch die die Morgensonne goldene Streifen wob. In der schönen Stube war des Hauses Besitz von Großvaters und Urgroßvaters Zeiten her aufgestapelt. Hellgelb polierte Biedermeiermöbel mit grünen Bezügen, der runde Tisch, auf dessen Decke farbige Paradiesvögel spazierten, die fast zimmerhoch aufgetürmten Betten, mit Flaum gefüllt und mit selbstgesponnenem Leinen bezogen. Der uralte eingelegte Schrank barg die seidenen Röcke, Miederleiberl und Röckerl, die Riegelhauben und alle die Sachen, die die alte Waldlertracht ihren Trägerinnen vorschrieb. Vorn in der Ecke war das Schaustück der schönen Stube, der Glaskasten. Da gab es köstliche Dinge zu sehen, bemaltes Kaffeegeschirr, porzellanene Blumen- und Früchtekörbchen. Sachen, wie sie nur eine frühere Zeit so gefällig hervorbrachte.

Doch für mich hatte das größte Interesse im Zimmer der Altar. Er nahm die Hälfte einer Zimmerseite in Anspruch und war ein richtiger Altar, wie man ihn in der Kirche sieht. In der Mitte stand der Kreuzpartikel, monstranzförmig gefaßt. Ihn hatte der Großonkel meiner Mutter, der Franziskanerpater Cornelius Weiß, der Großpönitentiar und später der Beichtvater König Ludwigs I. war, von Rom mitgebracht, zusammen mit den zwei Agnus Dei, die ebenfalls in schöner Fassung den Altar zierten. Dazwischen standen große Messingleuchter und Blumenstöcke aus grellbunten Papierblumen. Das ganze war überdeckt mit einer weißen Tülldecke zum Schutze gegen den Staub. Wurde die schöne Stube aufgesperrt und die Decke vom Altar entfernt, so war das für mich das Zeichen, dass jetzt eine ganz besondere Zeit angebrochen sei.

Wenn die Natur in vollster Blüte steht, wenn sie ihre größte Pracht entfaltet, dann fällt in die Reihe der Feste des Kirchenjahres das Fronleichnamsfest. Die Erde hat sich bräutlich geschmückt, um ihren Herrn und König würdig zu empfangen, und in den Häusern regen sich emsige Hände, um die Straßen zu schmücken, durch die das Allerheiligste seinen Weg nimmt. Auch bei uns wurde geweißt und geputzt von oben bis unten. Birken und Tannenreis wurden in den Hof gefahren; die große Dirn versprach dem Hütbuben ein recht „scheckats" (buntes) Schneuztüchl, wenn er ihr die neunerlei Kräuter bringe, die man zu den zwei Kränzen braucht, die sie bei der Fronleichnamsprozession mittragen mußte und von denen der eine auf den Hausboden, der andere zur ersten Garbe in den Getreidestock im Stadel kam.

Der Schneiderblasi-Toni, ein alter Kavallerist, er hatte den Feldzug gegen Rußland unter Napoleon mitgemacht, kam ins Haus, um den ganzen Tag die Sachen zu putzen und herzurichten, die ein schneidiger Bürgerwehr-Kavallerist und sein Pferd nötig hatten, um mit Glanz bestehen zu können.

Aus all dem ging hervor, dass der Prangertag oder Kranzltag immer näher kam. Ich durfte mein weißes Kleid zum Stärken tragen und kam vor lauter Freude und Erwartung nimmer zum Essen und Schlafen. So ein kleines Mädel hat es bei solchen Gelegenheiten am notwendigsten, bis es überall hinkommt und sich alles genau besieht, den anderen dabei im Wege steht, so dass es alle Augenblicke heißt: „Geh weg, do kimma di net braucha!", bis sich die Dodl (Patin) erbarmt und den kleinen „Standalön" (von Herumstehen) ins Kloster mitnimmt, um Blumen zum Altarschmuck zu holen.

Das zweite Evangelium findet vor unserem Haus statt und jeder, der einen Altar hat, bietet alles auf, dass seiner der schönste ist. In Kirche und Kloster war ebenfalls große Geschäftigkeit. Es wurden die Altäre geziert und überall Birken aufgestellt. Der kunstsinnige Klostergärtner wand um das Kreuz, das bei der Prozession mitgetragen wurde, einen Kranz aus lauter einzelnen lebenden Blumen, der anzuschauen war wie ein gesticktes Muster. Ich habe seit der Zeit nimmer so Schönes in der Art gesehen.

Der Tag vor dem Feste selbst brachte noch Arbeit in Hülle und Fülle. Überall, wohin die Prozession ihren weg nahm, wurde gekehrt und gefegt, wurden Kränze vor die Fenster gehängt, Birken vor den Häusern aufgestellt und der Weg mit frischem Gras bestreut. Von nah und fern, aus Bayern und besonders aus Böhmen kamen die Wallfahrer, die sich den Neukirchener Kranzltag, der eine Sehenswürdigkeit für sich war, anschauen wollten. Da galt es denn, spät abends noch Schlafgelegenheit zu schaffen für alle, die in den Gasthäusern nicht unterkommen konnten. In der Stube und in der Küche wurden Stühle und Bänke verkehrt auf den Boden gestellt, darauf einige Schütten Stroh und das feinste Bett war fertig. Die Wallfahrer, Bayern und Böhmen, Männlein und Weiblein, legten sich in ihren Kleidern auf das Stroh. Die Stuhllehnen ersetzten ihnen das Kopfkissen und sie schliefen den Schlaf der Gerechten bis zum Morgengrauen, wenn der große Festtag mit dem Zapfenstreich eingeleitet wurde. Die Musik zog durch den Markt mit Trommeln, Trompeten und Tschinellen, begleitet von der Jugend, die meist mitlief, wie sie beim ersten Tone aus den Federn gekrochen war.

Der Tag verspricht, schön zu werden. Wieviele Kinderaugen haben die letzten Tage flehend zum Himmel geschaut, dass er an dem großen Feste, nach dem schon Wochen ihr Sehnen ging, gnädig sein möge. Mädchen eilen mit weißen Kleidern über die Straße, denn sie müssen noch zu der kunstgeübten Friseurin, die die krausen Blond- und Braunhaare der Waldlerinnen in handbreite Zöpfe flocht, während die ganz Kleinen schon seit Tagen mit aufgewickelten Papierlocken herumliefen, die zum Schlafen nachts sehr unbequem waren, der lieben Eitelkeit halber aber gern in Kauf genommen wurden.

Endlich sind alle Vorbereitungen beendet, in festlichem Gewande eilt alles, was nicht unbedingt zu Hause bleiben muß, der Kirche zu, um an dem Hochamt teilzunehmen, während sich die weißgekleideten Mädchen vor der Kirche zur Prozession aufstellten. Und nun ist es soweit! Ein Böllerschuß verkündet es, und der glänzende Zug setzt sich in Bewegung. Das Bürgermilitär zu Fuß mit weißen Hosen, blauen Röcken, schwarzem Tschako und weißblauem Federbusch an der Spitze; dann kommt

ein Engel in Ritterrüstung, dann Schulkinder, dazwischen hinein Fahnen und Figuren, jede Innung hat eine eigene Fahne, die Bäcker und Müller, die Schneider, Weber, Schuster usw.
Jedes Dorf hat seine Figur, wobei die Trägerinnen oft die Kleidung der Heiligen nachahmten, die sie trugen, z. B. bei der hl. Notburga grüne Kleider, weiße Schürzen und statt des Kranzes einen breiten weißen Strohhut mit Bändern.
Die Wallfahrer aus Böhmen hatten alle ihre Figuren mitgebracht und trugen sie mit; dann hatten die Marktdirndln selbst viele und reichgeschmückte Figuren. Auch die Jungherren standen nicht zurück. Sie hatten einen hl. Aloisius, einen hl. Franz Xaver, dessen Träger weiße Chorröcke anhatten, einen großen hl. Johannes von Nepomuk, dessen Träger in langen schwarzen Mänteln erschienen und die das Vorrecht hatten, am Nachmittag die Frauenbild-Dirndln zum Met zu führen.
Das Frauenbild zu tragen war der Stolz und das Sehnen jedes jungen Mädchens. Es war eine gute Nachahmung des Neukirchener Gnadenbildes und eine sehr schöne Figur. Bürgerwehr-Kavallerie begleitete sie, hierauf kamen drei oder vier böhmische Musikkapellen, dann die Neukirchener; jede spielte ihre Weisen, so dass es eine richtige böhmische Musik gab. Hierauf kam das Chorpersonal, die Klosterherren und dann die Pfarrgeistlichkeit mit dem Allerheiligsten unter dem Himmel, begleitet vom Bürgermilitär, dann die Ratsherren und das betende Volk.
Eine unübersehbare Menschenmenge staute sich an den Seiten der Straße, um von dem prächtigen Schauspiel nichts zu versäumen. Hauptsächlich waren es Böhmen in ihrer malerischen Tracht.
Auf einmal kommt Ruhe in die wogende Masse. Das Allerheiligste ist bei einem der Altäre angekommen, das Evangelium wird gesungen und dann kommt jener erhebende Augenblick, da der Priester unter atemloser Stille des knienden Volkes den Segen spendet. Die Prozession zieht weiter den Markt hindurch und zurück zur Kirche, vor der eine Feldmesse gelesen wird. Die vormittägige Feier ist beendet.
Nachmittags kommen die Figurenträgerinnen mit ihren Bandweiserinnen (jede Figur ist von zwei oder vier kleinen weißgekleideten Mädchen begleitet, die farbige, von der Figur ausgehende Bänder Führen) zur Vesper. Hierauf geht es zu Met und Lebzelten, zu Bier und Brezen. Die Musikanten spielen in den verschiedenen Gasthäusern bis abends und erst die anbrechende Nacht macht der Freude ein Ende.
Im Dämmern des Sommerabends ziehen die Böhmen, ihre tschechischen Weisen singend, mit ihrer Musik heimwärts.
Am Fronleichnamssonntag wiederholt sich die gleiche Feier und selbst der Franziskanerkranzltag acht Tage nach Fronleichnam ist noch ein Abglanz davon.
Dann tritt der Alltag wieder ein, über unseren Altar oben in der schönen Stube wird der Tüllschleier gebreitet, das weiße Kleid kommt in den Schrank. Die schöne Stube bleibt wieder ein Jahr lang für unberufene Kinderhände verschlossen."

Der Sonnwendtag

Es ist der Namenstag des hl. Johannes des Täufers. Die Kirche feiert heute sogar auch seinen Geburtstag. Johannes der Täufer ist der einzige Heilige, bei dem die katholische Kirche eine Ausnahme macht. Johannes war ein großer Prediger und der Täufer Jesu.

Beim Volk wird, noch aus heidnischem Herkommen die Sommersonnenwende gefeiert.

Die Tage werden bald wieder kürzer. An den späten Abenden wurden und werden wieder auf Höhen Holzfeuer entzündet. Nach altem heidnischen Glauben sollten die Sonnenstrahlen herabgeschworen werden zur Erde, damit eine gute Heu- und Getreideernte gedeihe.

In meiner Heimat Rattenberg wurden früher auch gefertigte Strohpuppen ins Johannisfeuer geworfen. Dabei schrie man: „No fort mit eng, ös Hexn und Deifön!" Hexen und Unholde, die ja auch, wie man glaubte, der Ernte viel schaden konnten, sollten verbrannt werden.

Der Peterstag

Das Fest der heiligen Apostel Petrus und Paulus wird am 29. Juni gefeiert. Beide werden Apostelfürsten genannt. Petrus als Oberhaupt der ganzen Kirche, und Paulus als eifriger Apostel gegen die Heiden. Er soll viel für die Ausbreitung der Kirche gewirkt haben.

Früher war der Peterstag ein kirchlicher Feiertag. In Regensburg findet an diesem Tag die feierliche Priesterweihe statt.

An Peter und Paul hat sich um 1900 in der Pfarrkirche zu Rattenberg ein recht lustiges Stückl zugetragen:

Der Herr Pfarrer (noch ein Hauch von einem Barockprediger) stieg auf die Kanzel, ohne zu ahnen, dass ihm die Ministranten mehrere Reißnägel mit der Spitze nach oben auf die Kanzel gelegt hatten. Mit Wucht begann er zu predigen, mit den Worten: „Petrus und Paulus", dabei schlug er mit der Faust auf den Predigtstuhl ein. Und schon steckte ein Reißnagel in seiner Faust. Nach diesen zwei scharfen Worten, „Petrus und Paulus", schaute der Herr Pfarrer seine Faust an und sagte, ein wenig schmunzelnd: „Dö Spitzbuam!". Er meinte damit freilich die Ministranten. Alt und Jung in der Kirche konnten das Lachen nicht verbergen.
(Von meinem Vater)

Jakobi (25. Juli)

Jakobus war ein Apostel Jesu und Bruder des Apostels Johannes.

Jakobus wurde nach der Himmelfahrt Christi ein ganz großer Prediger. Mit seinen Predigten zog er bis Spanien.

Er wurde dann von den Juden enthauptet. Viele Kirchen wurden zu Ehren dieses großen Heiligen geweiht. Um den Jakobitag begann früher für die Bauern die Ernte.

Harte Erntearbeit

Mein Onkel Sepp, der nie im Leben die härteste und gefährlichste Arbeit fürchtete (wenn ich nur an die ungeheuer vielen Brunnen denke, die er mit Schaufel und Pickel gegraben hat, oft bis zu 15 Meter tief), ist oft auch ins Heuen nach Oberbayern gefahren und zur Ernte in den Gäuboden. Oft hat er mir erzählt vom Straubinger „Erntemarkt".

„Alle Jahr, wenn es Jakobi zuging, hat man sich vorbereitet und dann auf den Weg gemacht nach Straubing zum Arnmarkt (Erntemarkt). Werktagskleidung für 14 Tag hat man sich in eine Tasche oder in den Rucksack gesteckt. In der Nähe des Straubinger Stadtturms haben da schon hunderte von meist jungen Leuten gewartet. Früher sind diese Leute alle zu Fuß gekommen, sogar bis aus dem Böhmerwald. Die sind tagelang unterwegs gewesen. Da sind dann die Gäubauern aus allen Richtungen gekommen und haben uns Waldler durchgemustert. Diese Gäubauern hatten gute Menschenkenntnisse, sie haben fast jedem vom Gesicht herunter erkannt, ob er was taugt zur Arbeit oder nicht. Viele junge Leute verdingten sich alle Jahr zu solchen Bauern, bei denen sie schon einmal gewesen waren. Solche haben sich leichter getan, denn man hat den Bauern schon gekannt und auch die Felder und man hat sich viel schneller wieder eingewöhnt.

Wenn nachher die Gäubauern einig gewesen sind mit ihren eingehandelten Manner- und Weiberleuten, dann hat es nach einem Handschlag eine gehörige Brotzeit gegeben und ein kleines „Drangeld". Ja und dann sind wir, oft etwas angeheitert, zu den Gäubauern auf's Gäuwagerl gestiegen und dahin ist es gegangen zu den Großhöfen. Nun hat es geheißen 14 Tag oder drei Wochen arbeiten, dass einem die Schweißtropfen nur so heruntergekugelt sind.

Die Erntezeit ist ja sowieso die härteste Zeit des ganzen Jahres gewesen. Da ist dann bei den Bauern um drei Uhr aufgestanden worden, und 12 bis 15 Stunden hat der Arbeitstag gedauert. Da hat man, bevor man spät abends auf den Strohsack gefallen ist, schon gewußt, was man getan hat. Mir selber hat das gar nichts ausgemacht, weil ich doch von Kindheit auf die schwere Arbeit gewöhnt gewesen bin. Mit mir ist auch jeder Bauer zufrieden gewesen, weil sie gleich gesehen haben, dass ich von der Arbeit was versteh, dass ich auch sauber und gewissenhaft arbeite. Ich hab dann auch von so manchem Bauern noch extra eine Maß Bier gekriegt. Freilich, anpacken hat man schon fest müssen. Und wenn einer die Bauernarbeit nicht richtig können hat, für den wäre es besser gewesen, er wär daheim geblieben. So zwischen 30 und 40 Mark hat man damals die Woche schon gekriegt vom Bauern, und, was noch viel wert gewesen ist, auch ein gehöriges Essen.

Das sag ich dir, schön und lustig ist es da zugegangen im Gäu draußen, und die Gäubauern haben mit uns Waldlern eine mords Freud gehabt, weil wir trotz der schweren Arbeit den ganzen Tag gut aufgelegt gewesen sind. Ich selber wär oft gern noch einige Wochen geblieben.

Wenn die Ernte unter Dach gewesen ist und ich den Lohn ausgezahlt bekommen hab, hat mich der Bauer öfter gelobt, weil ich so tüchtig gewesen bin. Das hat einen schon gefreut. Die Hauptsache ist gewesen, dass man sich innerhalb einer kurzen Zeit ein schönes Geld verdient hat. Freilich, mancher leichtsinnige Bursch hat sein hartverdientes Geld gleich wieder in einem Wirtshaus verblitzt."

Das Schutzengelfest

Der Schutzengelglaube ist auf's deutlichste in der hl. Schrift bezeugt und findet sich schon bei den Vätern seit dem 2. Jahrhundert. Es gehört zum Bestand der kirchlichen Lehrverkündigung, dass es Engel Gottes und gute Geister gibt, die ihm dienen, um das Heil der Menschen zur Vollendung zu führen.

In Oberalteich wurde das Schutzengelfest früher am 2. Sonntag im September besonders festlich begangen. Noch um 1910 standen an diesem Tag eine Menge Kramerstände auf dem Dorfplatz, auch ein Kinderprater (Karussel) war aufgestellt. Für die Kinder war es immer ein besonderer Freudentag. Von Samstag bis Sonntag konnten die Praterbesitzersleut bei den Bauern in Oberalteich übernachten. Als Lohn für die Übernachtung durften die Bauerskinder einige Male mit dem Prater fahren.

Das Erntedankfest

Meist zu Anfang Oktober wird in den Pfarrkirchen das Erntedankfest gefeiert. Sicher hat dieses Fest seinen Ursprung noch aus germanischer Zeit. Wie man in uralten Schriften finden kann, opferten die Germanen den Göttern Getreide. Mit der Christianisierung wurde diesem Fest ein christliches Gepräge gegeben. Von den Bauers- und Landfrauen wurden und werden (solange noch Bauern leben dürfen) schöne, große Erntekronen gebunden und in den Kirchen vor dem Altar aufgestellt. Früchte, Obst, Brot und vieles andere, das der Herrgott wachsen ließ, wird dazugelegt.

Es war einst ein lieber Brauch, dass diese geweihten Gaben am anderen Tag an die Armen der Pfarrei, von denen es früher ja so viele gab, verteilt wurden. In manchen Kirchen, wie z. B in Reibersdorf bei Straubing wurde der Hochaltar der Kirche besonders würdevoll hergerichtet. Alle Kerzen am Altar waren etwa 20 Zentimeter unterm oberen Ende mit verschiedenen Getreideähren umwunden. Wenn dann vor Beginn des Feierlichen Gottesdienstes alle Bänke voll von dankbaren Menschen waren und die geschmückten Kerzen alle angezündet wurden, so drang nicht nur eine gewisse Freude in die Menschenherzen, sondern man bekam auch viel Gespür für die Würde des Getreides.

Der Allerweltskirta (3. Sonntag im Oktober)

(von Lukas Usterling)

Es ist draußen nicht mehr recht rar um diese Zeit. Die Felder sind öde, und wo noch vor etlichen Wochen Rübenfelder grünten, da pfeift jetzt schon der Herbstwind. Müde gehen da und dort noch ein paar Ochsen vor den Pflug. Der Altweibersommer hat sich mit tausend und abertausend Fäden verfangen in den kahlen Weidensümpfen. Grob fährt der frühe Abendwind über die golden glänzenden Wiesen und streicht dem weidenden Vieh um die fleckigen Leiber. Die bunten Herbstblätter wirft er auf die Straße. Und wenn nun dieses Frösteln über's Land geht, wird es recht still in den Bauerndörfern. Die Gunkeln und Rüben sind auf Wägen heimgefahren und das Kraut steht mit kahlen Köpfen und hängenden Blättern auf den verlassenen Breiten. Das Schwammerlsuchen hat sich aufgehört, und aus den Gärten leuchten die großen Kürbisse; morgens liegt ein weißer Reif auf den letzten Astern. Die blauschwarzen Schlehen werden grad recht zum Abzupfen. Die lärmende Gänseherde hat der Eisenbahnwaggon mitgenommen, und nur noch etliche dickbäuchige Schnatterhälse und eifrig wackelnde Enten watscheln durch den Hof.

Eines schönen Tages schiebt sich aus der obersten Schalluke des Dorfkirchturms die gelbweiße Fahne heraus und fängt luftig zu flattern an. Sie verkündet: „Morgen ist Kirchweih!"

Auf großen Bauernhöfen, besonders früher, aber manchmal auch jetzt noch, geht's schon am Mittwoch los; da werden die Torten gebacken, die bis zum Sonntag mürb werden müssen. Am Donnerstag kommen die „drahten Waberl", am Freitag die „Küachln", am Samstag das andere seligsüße Zeug aufeinander: die Apfelschnittl, die Zimtschnittl, die Zwetschgenbavesen und und ... mir läuft das Wasser im Mund zusammen!

Am Samstag nun, wenn der Mesner die „Zachäusfahne" heraushängt, und schmunzelnd die „Küachln" bis zum Kirchturm hinauf riecht, wenn die Ministranten Feierabend läuten, dann hören die Mannerleut das Arbeiten auf und richten sich langsam die Schuhe und das Sonntagsgewand her, die Weiberleut müssen aber noch das Haus blitzrein putzen und scheuern. Und damit geht richtig der Kirta an.

Am Sonntag heißt es, wer nicht zwei Stunden hintereinander essen kann, der taugt nichts. Und vom Biertrinken gar nicht zu reden. Aber das ist wahr, an einem solchen Tag schaut der Bauer besonders drauf, dass seinen Ehehalten nichts abgeht, und die jungen Dienstleut tragen das, was sie nicht mehr haben zwingen können im roten Schneuztüchl heim zu Vater und Mutter; und so ein Dienstbub ißt dir allerhand!

Überhaupt recht eigen und wichtig ist der Kirta bei den kleineren Leuten, wo die Stube voller Kinder ist und das Jahr über nicht viel Schmalz auf den Tisch kommt. Sicher steht der Kirta im Kindergedächtnis gleich neben dem Christkindl, dem Prangertag und dem schönen Frauentag.

„Gell, Muatta, ejz kimmt da Kirta boid", fragt schon eins, und es sind noch kaum die Erdäpfel vom feld daheim. „Geh, laß ma grod ejz mei Ruah!", sagt die Mutter und denkt, dass der Schmalzhafen noch lang nicht voll ist, weil sie das Schmalz immer verkauft und doch kein Geld hat.

Und dann kommt der Kirta, und er kommt auch zu den armen Leuten. Und richtig, der Schmalzhafen ist doch voll geworden. Blitzblank ist das Haus und ein frischer Bund Stroh liegt auf der Gred. Der Vater räumt den Hof zusammen und wirft schließlich einen vergnügten Blick in die Speis; da hängen am Schragen zwei Sauhälften, zum Hineinbeißen sauber. Die Kinder kommen von der Schule heim, und der Xaverl meint gleich: „Muatta, i mächt an Küachl!". „Die sind noch nicht fertig", meint die Mutter, „jetzt eßt einmal erst euren Erdäpfelsterz". Nach einer Weile sitzen alle auf dem abgeriebelten Kanapee und sehen, wie die Mutter einen Küachl nach dem anderen aus der Pfanne fischt und hineintut in die große irdene Rein. Die Marie darf schon mithelfen. Schon kommt die Mutter zum Kanapee: „So, da hat a jeds ein", und sieben Hände greifen nach den goldglänzenden Küachln. „Mei, sand dö guat!", meint der Xaverl und schaut gierig nach der irdenen Rein. Der Schorscherl meint: „Dö könnt i alle alloa essn!".

Abends, bevor die Kinder zu Bett gehen, bekommt nochmals jedes einen Küachl. Nur die Mutter hat keinen rechten Appetit. Sie hat genug vom Schmalzrauch, vom Schwitzen, vom Kümmern, dass alles recht wird. Stockmüde ist sie schon heute, und wenn die Kinder im Bett verräumt sind, muß sie noch bis in die Nacht hinein backen.

Anderntags wird frohgesinnt in die Kirche gegangen. Der Herr Pfarrer hält eine schöne Predigt. Die Kleinen aber in den vorderen Bänken denken ganz woanders hin, und ein Teil der Großen hinten denkt auch an das festliche Mittagsmahl oder gar schon an die Wirtsstubn.

Zu Mittag zeigt eins dem anderen, dass es nicht bloß arbeiten kann, sondern auch essen und trinken.

Bei den Bauern hält der Kirta und die Küachln länger her als bei den Kleinhäuslern, aber alle essen sich genug und der Schorschl rühmt sich: „I hon an allameran gessn!".

Der hl. Wendelin (20. Oktober)

Er wird als großer Patron der Haustiere verehrt und wird auch viel um seine Fürbitte bei Gott angerufen. Wie mir noch steinalte Leut erzählten, wurde um den Wendelintag in vielen Kirchen, wie auch daheim in den Stuben an den Abenden, zum hl. Wendelin als Fürbitter der Rosenkranz gebetet. Besonders auf dem Land wurden dem hl. Wendelin zu Ehren viele Kapellen erbaut.

Wendelin lebte eine Zeit als Einsiedler, wurde aber sogar noch Abt in einem Benediktinerkloster in Trier. Er verstarb im Jahr 1015.

Allerheiligen

Christus selber hat einmal gesagt: „Ehret diejenigen, die Gott dienen." Damit ist es auch unser Recht, Heilige zu verehren. Die Heiligen Gottes sind aber auf keinen Fall irgendwelche Götter, deshalb dürfen sie nicht angebetet werden. Wir können Heilige als Fürsprecher um Hilfe anrufen, welche dann aber nur durch Gott geschieht.

Um Allerheiligen, wenn die Blätter von den Bäumen fallen, kehrt in der Natur eine gewisse Stille ein. Der Mensch kommt zu ruhigem Denken. Man geht zu den Friedhöfen, um mit all den lieben Verstorbenen in Gedanken Zwiesprache zu halten. Man spürt, besonders, wenn man älter wird, wie schnell doch die Zeit vergeht.

Früher wurde am Allerheiligentag abends durch ein einstündiges Läuten aller Glocken der armen Seelen gedacht.

Der hl. Leonhard (6. November)

Leonhard ist nach seinem Tod Viehpatron geworden. Vor allem gilt er als Beschützer der Rosse.

In vielen Orten wurden früher Leonhardiritte abgehalten. Dabei wurden dem Leonhard viele kleine Eisentiere geopfert, wodurch man auf Glück im Stall hoffte. In den letzten Jahren wurden wieder viele Leonhardiritte ins Leben gerufen.

Der hl. Leonhard wird in Kirchen und Kapellen mit einer zerbrochenen Kette in der Hand dargestellt.

Martini (11. November)

Der hl. Martin lebte im 4 Jahrhundert. Weil er einmal seinen Mantel mit einem Bettler teilte, wird ihm eine besondere Barmherzigkeit zugesagt. Er war beliebt wegen seiner vielen guten Tugenden. Martinus war Soldat und zugleich ein großer Streiter Christi. Ihm zu Ehren wurden und werden Martini-Umrittprozessionen abgehalten, so z. B in Miltach.

St. Kathrein (25. November)

Katharina wurde wegen ihres keuschen Lebens zu Tode gemartert. Sie ist gewöhnlich mit einem Rad dargestellt, denn nach der Legende soll sie grausam gerädert worden sein.
Katharina wählte man später zur Patronin der Flachsspinnerinnen, weil um ihren Namenstag herum alle Jahre das Flachsspinnen begann.
In den Wirtshäusern wurde zu Kathrein der Kathreintanz aufgespielt, der letzte Tanz vor dem neuen Jahr.

Die Eltern und ihre Kinder

Ein gutes altes Sprichwort sagt: „Kinder sind Vermittler zwischen Himmel und Erde."
Ich selber liebe ordentliche Kinder sehr. Kinder werden am meisten geliebt, wenn sie brav, das heißt zum Gehorsam erzogen sind. Hier sucht man sich manchmal die Ausrede: „Die Kinder lernen das Frechsein im Kindergarten, im Beisein anderer Kinder, in der Schule usw.". Die Haupterzieher sind die Eltern und sollten es auch bleiben. Wenn Kinder frühzeitig gut erzogen werden und die nötige Aufklärung bekommen, dann haben bei ihnen unerzogene Kinder wenig Einfluß. Früher hat man gesagt: „Was Eltern den Kindern die ersten sechs Jahre an Erziehung beibringen, das bleibt ihnen für's Leben." Ein anderes altes Sprichwort heißt: „Mit zehn Jahren soll ein Kind erzogen sein." Besonders viel von der Natur sollte den Kindern eingepflanzt werden, gerade da fehlt es heutzutage ganz stark.
Was braucht nur ein Kind Pflege, bis es laufen kann! Darum freuen sich die Eltern, wenn ein Kind so wird, wie sie sich das wünschen. Dazu muß eine Mutter dem Kind viel Mutterliebe schenken. Eine gute Erziehung ist der größte Schatz, den die Eltern dem Kind mitgeben können, wenn es einst das Elternhaus verläßt.
Kindergärten können echte Elternliebe nie ersetzen. Früher wurden die Kinder von den eigenen Eltern allein erzogen, was auch Vorteile hatte. Sie lernten die Eltern mehr kennen, bekamen eine religiöse Grundlage und wuchsen, besonders auf dem Lande, in die Natur hinein. Der beste Lehrer kann das alles in der Schule nicht mehr nachholen, was ein Kleinkind versäumt hat. Lieb erzogene Kinder werden einmal ihre alt gewordenen Eltern besser verstehen und ihnen auch weniger Sorgen machen.

Schon beizeiten einen Anstand lernen

„Seid mir ja anständig", diesen Satz hörten wir Kinder mehr als hundertmal von unserer Mutter, ganz gleich, ob wir zur Schule gingen oder sonst wohin.

Zum Anstand gehört auch ein sauberes Grüßen. Es ist doch so unschön, wenn manche Menschen im Vorbeigehen lieber in den Straßengraben schauen, um ja kein frohes Wörtl verlieren zu müssen. Wenn heute Priester mit „Du" angeredet werden, so meine ich, gehört das nicht zu großem Anstand. Vielleicht aber ist so mancher Priester selber schuld daran.

Mit Freundlichkeit und Anstand, hat uns unsere Mutter gelehrt, kommt man mit allen Menschen besser aus und erntet dabei auch noch eine gewisse Achtung. „Geht nicht so krumm daher und laßt den Kopf nicht so hängen beim Gehen", so hat unser Vater uns Kindern oft nachgerufen; er hat dies gesagt, weil ihm an uns Kindern etwas gelegen war.

Und wenn sich Kinder dem Lehrer gegenüber flegelhaft benehmen, so ist das nicht allein die Schuld der Kinder, sondern gar oft auch die der Eltern.

Eine recht unschöne und ungesunde Tugend ist bei allzu jungen Menschen das Rauchen. Viele greifen schon bei kleinsten Gesprächen oder Gesellschaften zur Zigarettenschachtel, weil man vor Aufregung oder gar aus Angeberei nicht weiß, wie man Unterhaltung zustande bringt. Es schadet dies nicht nur der Gesundheit, sondern auch dem Geldbeutel.

Heimatliebe

Zu den schönsten und besten Eigenschaften der „echten Bayern“ gehört die Liebe und Treue zur Heimat.

Was ist eigentlich die wirkliche Heimat? Es ist in erster Linie das Heim, in dem man mit liebevollen Eltern, Geschwistern und sonstigen Angehörigen aufgewachsen ist und mit denen man vielleicht gar noch etwas bescheidene Kinderjahre verbracht hat. Heimat ist die weite Umgebung des Elternhauses.

Heimat ist auch wo man vorbei an blühenden Wiesen oder durch hohe Schneewehen gar oft weite Schulwege zuzrücklegte, wo man die Liebe zur Arbeit von Vater und Mutter, von Großeltern und Nachbarn miterleben durfte und wo man schon als Kind wußte, die Hässlichkeiten zu verabscheuen, dafür aber alles „wirklich“ schöne zu schätzen lernte. Je mehr der Mensch einst abgehärtet war durch Arbeit, Sturm, Kälte und Sonne, desto mehr Humor und Heimatliebe kam in seine Seele. Auch die große Naturverbundenheit trug viel bei zur Heimatliebe. Wenn man zur Heuernte den Duft des Heus einatmen durfte, und wenn unter blauem Himmel die Getreidefelder im Winde wogten, so dankte man nicht nur dem Herrn und Gott, sondern freute sich von Herzen in so einer Heimat leben zu dürfen. Heimatliebende Menschen haben viel Mut und Lebensfreude in sich und ertragen viel mehr, wenn Hartes über sie kommt. Uralte Bauerngeschlechter hingen mit Leib und Seele an ihrer Heimatscholle.

In meiner Heimat, wo ich aufgewachsen bin, drin im Bayerischen Wald, da kannte ich in meiner Jugendzeit noch viele solche heimatliebende Menschen. Und das sind und bleiben meine schönsten und lehrreichsten Lebenserinnerungen. Von solchen Menschen habe auch ich mir viel Beispiel genommen und Heimatliebe geerbt. Seine härteste und anstrengenste Zeit hatte der Bauer einst im Sommer. Wenn man auch selten aus dem Schwitzen herauskam, Sehnen und Muskeln aufs höchste angestrengt wurden, die Liebe zur Schache und zur Heimat überwand alles mit Leichtigkeit. Und wenn ein kerniger Bauer nichts übrig hatte, für städtische Lächerlichkeiten, so gehörte das zu seiner Erfahrung und zu seinem Charakter, denn sein von Arbeit, Sonne und regen zerfurchtes Gesicht hatte sich um anderes, um wichtigeres zu kümmern.

Zur Arbeit gehörte aber einst auch eine gewisse Ruhe. Diese kernhaften Menschen, denen Heimatliebe über alles ging, die auch in der Welt einen ernsten Arbeitsraum sahen, verstanden auch noch echt zu beten und auszuhalten in allen Nöten des Lebens, wie sturmerprobte Tannen auf den Gipfeln der Berge. Und solche Menschen verleihen der Heimat einen bestimmten Glanz. Die Heimat war der Friede und sie machte das Leben wertvoll.

Das Erbe der Väter war geschätzt und mußte erhalten bleiben. In solchen Menschen lag und liegt viel Herz und Seele. Man lebte einfach und vererbte die Sitten der Väter an die Kinder. Zur Fröhlichkeit und Würde gehörte auch der Ernst des Lebens. Besonders zum echten Bauernleben gehörte Einfachkeit, Gesundheit und Heimatliebe. All das war unseren Ahnen einst liebevolle Heimat.

Viel vom Guten und Schönen wird uns durch die heutige Hast entrissen, so daß unsere Kindeskinder eine gewisse Armut erwartet. Wir dürfen den Sinn für das Schöne und gesunde, ruhige Leben nicht verlieren.

Schon vor dem Ersten Weltkrieg ist so manchem die Heimat immer kälter geworden. Was nützen uns aber die größten Erungenschaften der Technik ohne gesundes Getreide und ohne Vieh? Kleinbauern hatten einst für die Armen ein besonderes Herz.

Die Menschheit selber aber ist es, die viel Elend unter die Menschen bringt. Dem Leben Schönheit, Wärme und Liebe geben, gehört zur Heimatliebe. Nicht nur Geldgier, sondern die Pflege der Heimat soll alle Menschen erfassen. Viele Menschen hat einst die Armut gezwungen, die liebe Heimat zu verlassen um sich in ande-

ren Ländern das Brot zu verdienen. Immerwieder aber liesen sie ihr Heimweh spüren und so manche zug es wieder heim in die geliebte Heimat.
Saubere Tracht, zu Herzen gehende Lieder, bodenständige Musik, unverfälschte Mundart, ehrliche, zuverlässige Menschen, Arbeitsfreude, christliche Religion,Gewissenhaftigkeit, Liebe zu den Kindern, Ehrfurcht vor erfahrenen Eltern und alten Menschen und echte Gemütlichkeit, all das gehört zum inneren Wert des Menschen und zu einer würdevollen und liebevollen Heimat. Um aber die Schönheit, Würde und Liebe zu unserer Heimat zu erhalten, müssen wir sie so bewahren, wie unsere Ahnen die Grundsteine gelegt haben. Nicht daß wir eines Tages in einer Wildnis leben müssen, wie sich leider so manche das wünschen.

Viel mehr Mütter sollten nur Hausfrauen sein

Noch bis vor wenigen Jahrzehnten war es nicht der Brauch, dass die Mutter ihre Zeit in einer Fabrik oder ähnlichem verbrachte. Sie war Hausmutter, sorgte für gute Erziehung der Kinder, bei den Mahlzeiten für selbstgemachte, gesunde Kost, einfach für das ganze Hauswesen. Der Mann dagegen sorgte für die Arbeit und den Ablauf der sonstigen Geschäfte. So war es gut, denn auch die Kinder fühlten sich geborgen. Es ist von großem Wert, wenn Mädchen oder auch jungverheiratete Frauen im Sozialdienst oder in Büros arbeiten. Sind dann aber Kinder da, so gehört eine Mutter zu den Kindern und zum Haushalt. Es ist eine Art Naturgesetz, dass der Frau Häuslichkeit, Fleiß, Sparsamkeit und Sorge für das häusliche Glück angeboren sind. Eine Mutter ist die Zierde des Hauses, und es steht ihr dafür viel Würde zu, die vom Ehemann und den Kindern anerkannt werden soll. Ein gut denkender Hochzeiter soll nicht nach dem Reichtum, sondern nach einem gesunden und fleißigen Mädchen schauen, das Liebe zum Mann und zu den Kindern zeigt und für einen sauberen Haushalt sorgt. Eine verschwenderische Mutter kann eine Familie unglücklich machen. Die Zierde einer ländlichen Mutter war früher nicht der Ring mit Edelstein, sondern ein Fingerhut als Sinnbild einer fleißigen Frau.

Der Charakter

Der Charakter unterscheidet die Menschen. Wenn ich den Charakter eines Menschen kenne, so weiß ich im voraus, wie er sich verhalten wird. Für den guten Charakter gibt es einen Satz: „Ein Mann, ein Wort". Vom guten Charakter kann man auch reden, wenn sich jemand mit ganzer Entschiedenheit für Rechte und Pflichten einsetzt und daran festhält, selbst, wenn es Opfer kostet. Es hängt viel vom Charakter eines Menschen ab, ob er Gutes tut, ob man ihm Vertrauen schenken kann und ob er somit Achtung verdient.

Sich immer dankbar zeigen

Albert Schweitzer schreibt einmal so schön in einem Buch: „Blicke ich auf meine Jugend zurück, so bin vom Gedanken bewegt, wie vielen Menschen ich für das, was sie mir getan haben und was sie mir waren, zu danken habe. Zugleich aber stellt sich das niederdrückende Bewußtsein ein, wie wenig ich jenen Menschen in meiner Jugend von diesem Dank wirklich erstattet habe. Wieviele von ihnen sind aus dem Leben geschieden, ohne dass ich ihnen ausgedrückt habe, was die Güte und Nachsicht, die ich von ihnen empfing, für mich bedeutete. Erschüttert habe ich manchmal an Gräbern leise die Worte für mich gesagt, die mein Mund einst dem Lebenden hätte aussprechen sollen. Dabei glaube ich, sagen zu können, dass ich nicht undankbar war. Beizeiten bin ich aus der jugendlichen Gedankenlosigkeit erwacht, das, was ich an Güte und Nachsicht von Menschen erfuhr, als etwas Selbstverständliches hinzunehmen. Ich meine, darüber so froh nachdenklich geworden zu sein, wie über das Weh in der Welt. Aber bis zu meinem zwanzigsten Jahr und noch darüber hinaus habe ich mich zu wenig dazu angehalten, die Dankbarkeit, die in mir war, auch zu bekunden. Ich ermaß zu wenig, was es für Menschen bedeutet, Dankbarkeit tatsächlich zu empfangen. Oft ließ ich mich auch durch Schüchternheit zurückhalten, Dankbarkeit auszusprechen.

Weil ich dies an mir erlebt habe, meine ich nicht, dass so viel Undankbarkeit in der Welt ist, wie man gewöhnlich behauptet. Nie habe ich die Geschichte von den zehn Aussätzigen so auslegen können, als ob nur einer dankbar gewesen sei. So müssen wir uns alle anhalten, unmittelbar zu sein und die unausgesprochene Dankbarkeit zur ausgesprochenen werden zu lassen. Dann gibt es in der Welt mehr Sonne und mehr Kraft zum Guten. Für sich aber muß sich ein jeder von uns dagegen wehren, die bitteren Sprüche von der Undankbarkeit der Welt in seine Weltanschauung aufzunehmen. Es flutet viel Wasser unter dem Erdboden, das nicht als Quelle herausbricht. Dessen dürfen wir uns getrösten. Selber aber sollen wir Wasser sein, das den Weg findet, Quelle zu werden., an der Menschen den Durst nach Dankbarkeit stillen können."

Soweit die Worte Albert Schweitzers. Wenn ich nun selber an mein Leben zurückdenke, das von Arbeit, Armut, aber auch von liebevollen Stunden geprägt war, so fallen mir immer wieder Menschen ein, denen ich Dank schuldig gewesen wäre. Wieviele Menschen sind doch weggestorben, denen nicht im geringsten gedankt wurde, obwohl sie viel, viel Dank verdient hätten. Unsagbare Herzensfreude könnte man so manchem Menschen machen, wenn man ihnen ein wenig gebührenden Dank erweisen würde.

Es war wenige Tage vor dem Tod meiner lieben Mutter. (Sie hatte nicht weniger als 13 Kindern das Leben geschenkt und sie alle ordentlich mit unsagbarer Liebe und Sorge großgezogen.) Da stand ich einst still an ihrem Schmerzensbett. Wie gerne hätte ich ihr geholfen in ihrem schweren Krebsleiden. Plötzlich sagte sie in ganz leisem Ton und mit letzten Kräften: „Otto, ich muß nun sterben, verzeiht mir alles, was ich euch Kindern Unrecht getan habe." Wenn ich heute noch an diesen Satz denke, dann könnte ich aufweinen, dass mir das Herz zerspringt. „Mama", sagte ich, „wir Kinder sind dir doch unsagbaren Dank schuldig." Und der Mutter wurden die Augen naß.

Ich meine, es wäre so schön und nützlich, wenn man manchmal Dankbarkeit erweisen würde, bevor es zu spät ist. Man sollte auch die wenigen Jahre auf dieser Erde nützen, um Streit und Krieg zu verhindern und Gutes zu tun.

Neubau einer Pfarrkirche

Im Jahr 1888 machte der Maurermeister Alois Janker von Regensburg den Plan für den Anbau der Pfarrkirche in Rattenberg und einen Kostenvoranschlag von 14.341,30 Mark.

Ein Schlosser aus Konzell mußte für das Dach einen Kostenvoranschlag machen: 60.000 Ziegel wurden hergerichtet, das Tausend zu zehn Mark.

Auch ein Spängler aus Bogen machte einen Kostenvoranschlag für die Dacharbeiten.

Im Juli 1889 schreibt Maurermeister Alois Janker aus Regensburg, dass er die Maurerarbeiten für den Kirchenanbau nicht übernimmt, trotzdem er schon alles Werkzeug in Rattenberg hat. Für bereits gelieferten Kalk und den gemachten Plan verlangte er 404 Mark. Das Werkzeug wurde ihm zurückgeschickt.

Das Klafter Holz für den Kirchenbau kostete zwölf Mark. Verschiedene Bauern lieferten Blöcher und Bretter, z. B. der Obersteiner, der Altwieser, der Hodamo vom Haderhaus.

Der alte Turm wurde nur mit einem neuen Dach ausgestattet. Die Spenglerarbeit wollte ein Konzeller machen, aber auch einer aus Bogen. Es ging nur noch um den Preis. Der Spengler aus Bogen war um fünf Mark billiger. Er schreibt am 23. Juni 1889 an das Pfarramt Rattenberg unter anderem:

„Hochgeehrtester Herr Pfarrer! Soeben erhielt ich ihren wertesten Beschluß der Kirchenverwaltung und muß zum Bedauern daraus ersehen, dass ich auf diesen Vorschlag nicht eingehen kann. Der Weg nach Rattenberg ist sehr weit und die Arbeit auf dem Turm sehr gefährlich. Da ich aber nur Vorliebe für Turmarbeit habe, so will ich's noch für 145 Mark machen.

Obwohl ich fast nichts mehr verdiene, so will ich doch noch nach der Vollendung volles Lob für die gute Arbeit davontragen, denn kein Meister ist weit und breit auf solche Arbeiten eingerichtet.
Ihr ergebener Josef Sporrer, Spängler, Bogen."
(Bei den 145 Mark war auch die Farbe für das Turmdach und das Streichen mit eingerechnet.
Anfang April 1890 wurde dem Pfarrgemeinderat eingesagt, Betreff Kirchenneubau.
Am 25. Juni 1890 wurde der dringend notwendige Neubau der Pfarrkirche begonnen, nachdem im feierlichen Votivamte Gottes Segen hierzu erfleht ward.
Am 21. August 1890 wurde zum Kalkfahren eingesagt. Die Taschen wurden im Oktober von Bauern in und außerhalb der Pfarrei gefahren. Bruchsteine hatten die Bauern schon im Sommer zusammengefahren, auch Ziegel. Auch das Sandfahren übernahmen die Bauern.
Der Bau, geführt vom Maurermeister Schwanzer aus Haselbach und dessen Palier Lukas von Schwemm, wurde noch im selben Jahr unter Dach gebracht und im folgenden Jahr vollendet.
Im November 1890 hatte man den Dachstuhl angefahren. Im Herbst 1891 wurde noch die Kassettendecke gemalt und ein Altar hergerichtet.
Am 8. Juli 1892 wurde die neue Kirche durch den Hochwürdigsten Herrn Bischof Ignatius von Regensburg feierlich consecriert (geweiht) und zugleich die heilige Firmung für die Pfarreien Rattenberg und Moosbach gespendet. Diese Tage waren herrliche Freudenfesttage, welche einigermaßen die vielen Plagen, Verdrießlichkeiten und Schikanen gutmachten, die der Pfarrer während des Baues zu erdulden gehabt hatte.
Der Bau, anfänglich durch Maurermeister Janker aus Regensburg auf 14.300 Mark veranschlagt, von ihm aber nicht übernommen worden war, kostete 29.600 Mark. Hinzu hatte die Verwaltung noch die Herstellung der Holzdecke im Innern und die Dachung mit Falzziegeln übernommen. Außerdem wurden sämtliche Spanndienste von den Pfarrkindern unentgeltlich geleistet und das Bauholz größtenteils geschenkt, das meiste von Bauer Zollner vom Zeitlhof. Dazu kommt dann noch die innere Einrichtung, drei neue Altäre und eine Kanzel zu 8000 Mark und sämtliche Betstühle. Hiernach dürften sämtliche Baukosten in runder Summe auf ca. 45.000 Mark anzuschlagen sein, welche von der Pfarrei allein mittels Umlagen getilgt wurden.

Zur Ehre der Pfarrei sei gesagt, dass mit wenigen Ausnahmen überall guter Wille und großer Opfersinn vorhanden waren und dass sich alles freut, nach den früheren traurigen Umständen der alten Kirche jetzt ein geräumiges, herrliches Gotteshaus zu besitzen.

Möge durch das hl. Herz Jesu und Mariens und die Fürbitte des hl. Nikolaus Gottes reichster Segen für Zeit und Ewigkeit für die Pfarrei und ihren Hirten ersprießen.

Die Kesselsbodener Waldkapelle

Schon in meiner Kinderzeit fand ich es schön, wenn ich mit meiner Mutter und Großmutter ab und zu wallfahrten durfte. Meine Lieblingswallfahrtsorte, die ich an schönen Maientagen als kleiner Lauser schon schaffte, waren das wunderschöne Wallfahrtskirchlein „unserer lieben Frau vom Berge" und die „Kesselsbodener Waldkapelle".

Ein lieber Autor namens Riedhöfer schreibt um 1915 über diese liebevolle Kesselsbodener Kapelle:

„Eine der unbekanntesten Gegenden des Bayerischen Waldes ist das Gebiet zwischen Kollnburg, St. Englmar, Prackenbach und Rattenberg. Dieser Landstrich, ein Bergland mit tief eingeschnittenen Tälern, ist von der Eisenbahn weit entfernt. Aber dieser abgelegene Winkel besitzt einmalige Schönheiten. Da möchte ich gleich auf eine in einsamer Waldesstille gelegene Kapelle aufmerksam machen, mit dem Namen Kesselsboden. Um zu diesem Wallfahrtskirchlein zu gelangen, kann man einen doppelten Weg einschlagen: von Rattenberg aus über Unterstein, Bremeck, Friedenstadl oder von Altrandsberg über Moosbach nach Ruebendorf, von dort nach Igleinsberg und den neuen, einzig schönen Kreuzwegstationen (mit Glasemail-Bildern) entlang zur Kapelle. Dem Bau nach ist dieses Marienkirchlein äußerlich der Altöttinger Gnadenkapelle nicht unähnlich, wenn auch bei weitem nicht so groß. Um das Heiligtum herum führt nämlich ein Gang, der überdacht und außen offen ist. Vor der Kapelle ragt ein großes Holzkreuz gen Himmel. Neben ihm stehen längs des Weges einige Totenbretter. Auf dem Brett einer verstorbenen Mutter ist zu lesen:

„So schlumm're nun in süßer Ruh,
Es decken dich die Englein zu!
Sie trocknen uns die Tränen auch,
Wir hoffen, bis zum letzten Hauch."

Von den Votivtafeln, deren übergroße Anzahl auf die Beliebtheit der Wallfahrtsstätte bei den Bewohnern der Umgebung schließen läßt, weist die älteste auf das Jahr 1802 zurück. Mitten im tiefsten Waldesfrieden gelegen, ist das Kapellchen überragt von altersgrauen Riesentannen. Das muntere Plätschern der hinter dem Heiligtum hervorbrechenden Quelle belebt die schaurige Stille. Wahrlich, die Waldler haben durch dieses Marienkirchlein gezeigt, dass sie eine Poesie im Leibe haben. In diese Waldesstille eilen sie, wenn Kummer und Sorge ihr Herz beschwert und sie Trost und Erleichterung suchen, hier fern vom Getümmel des Alltagslebens fühlen auch sie sich frei, ihr Herz dem Himmel öffnend.

Mögen diese Zeilen beitragen, dies einsame Plätzchen in weiteren Kreisen bekannt zu machen und ihm einige Besucher zu gewinnen. Jedenfalls wird es keinen, dem es beschieden ist, in die Nähe zu kommen, gereuen, einen Abstecher nach Kesselsboden gemacht zu haben."

Im Sommer 1996

„Liebe Wallfahrer, liebe Marienverehrer!

Zumindest zwei Gründe sind es, warum wir heute wieder heraufgepilgert sind zu dieser schönen und liebevollen Kapelle. Erstens ist es eine kleine Erholung für Körper und Seele, und zweitens wollen wir der Gottesmutter wieder eine kleine Ehre erweisen oder auch eine Bitte vorbringen. Warum, liebe Anwesende, verehren wir überhaupt die Muttergottes? Dieses liebe Kirchlein hier ist z. B. der Muttergottes geweiht. Auf dem Altar steht ihr Bildnis und es brennen ihr zu Ehren einige Kerzen. Das Kesselsbodener Marienbild mit dem göttlichen Heiland auf dem Schoße schaut traulich und mild auf die betenden und gläubigen Pilger. Ringsum an den Wänden hängen zahlreiche Votivbilder. Wenn auch die wertvollsten Votivgaben aus dieser Kapelle längst in Diebeshände gefallen sind, so geben doch auch die einfachsten Papierbilder Zeugnis von erbetener Hilfe. Kreuze sind hier zu sehen, die brave Pilger diesen steilen Berg heraufgeschleppt haben. Auch eine Menge Krücken sind hier noch aufbewahrt, die verkrüppelte und lahme Menschen hier hinterlassen haben. Menschen aus den höchsten Ständen erweisen der Muttergottes immer wieder eine gewisse Ehre.

Nun, es gibt aber auch Menschen, die meinen, dass die Katholiken mit der Verehrung der hl. Jungfrau zu weit gehen. Manche behaupten sogar, dass Maria von den Katholiken angebetet wird. Das, liebe Anwesende, ist eine reine Verleumdung. Die Andacht zu Maria ist nichts anderes als der Schild des Glaubens an Jesus und an seine hl. Kirche. Die Kirche hat der Verehrung Mariens sogar eine Schranke gesetzt, über welche der kath. Christ nicht hinausgehen darf. Maria ist zwar ein wunderbares Geschöpf, aber sie darf nicht göttlich verehrt werden. Durch die Menschwerdung Jesu aber hat Gott Maria zur Mutter Gottes gemacht. Niemand anderer als Gott selber hat ihr diese Ehre verliehen. Und so ist Maria auch Mutter der Christen geworden. Seitdem nennen wir Katholiken Maria „unsere Mutter". Maria ist nicht nur die Mutter Gottes, sie ist meine, sie ist deine, sie ist unsere Mutter, und es ist doch so schön, dass wir sie als Mutter begrüßen und mit ihr reden dürfen. Zu jeder Zeit, liebe Pilger, dürfen wir die Muttergottes bitten, dass sie für uns Fürsprache einlegt bei Gott in unseren Anliegen. Das ist es auch, liebe Pilger, warum wir unsere Mutter verehren.

Und wenn wir die Gottesmutter nicht vergessen, wenn wir ihr ihre gebührende Ehre erweisen, so wird auch sie ihren Sohn einst bitten, wenn unsere letzte Stunde schlägt, dass er uns hinüberbegleite in das Reich der ewigen Freude!"

Die Krankenpflege

Zur guten Sitte des Menschen gehört die Krankenpflege im eigenen Familienkreis. Es war und ist auch heute der große Wille der alten und kranken Menschen, besonders derer, die ihr ganzes Leben auf dem Lande oder gar auf einem Bauernhof verbracht haben, auch im hohen Alter noch bei all den Lieben verbleiben zu dürfen, für die man ein Leben lang geracker, gespart und viel Gutes getan hat. Ich habe mich über diese Sache schon mit vielen Menschen unterhalten. Von den meisten bekam ich die Angst vor dem Altersheim zu spüren. Ein alter, naturverwachsener, abgehärteter Bauer paßt nie zu den Städtern in ein Heim. Er findet dort nie dieselbe Gesinnung und auch nicht seine Muttersprache.

Seltene Bräuche bei Beerdigungen

(von Pfarrer Holzgartner)

1. Noch im 18. Jahrhundert wurde bei Begräbnissen vereinzelt Leinwand geopfert, so z. B. im Jahr 1794 in Loitzendorf: „Von der geopferten Leinwand schaffte sich der Pfarrherr für eine Beerdigung einen ganz neuen Chorrock an".

2. Wenn früher jemand starb, wurden im Totenkammerl sofort die Fenster geöffnet, damit die Seele des Verstorbenen hinaus konnte.

War z. B. ein alter Bauer gestorben, so wurde im Stall das Vieh aufgetrieben und das Getreide auf dem Dachboden und auf dem „Kastn" umgeschaufelt.

3. Die Leiche wurde nach dem Absterben sofort gewaschen, meist von einer Kirchenbitterin, die auch manchmal den Dienst als Leichenfrau machte. Auch Nachbarn halfen gerne mit. Das Wasser, mit dem der Tote gewaschen wurde, wurde nicht auf den Misthaufen geschüttet, sondern auf eine Wiese oder auch auf's Dach. Das Wassergeschirr zerschlug man, und die Waschlumpen wurden verbrannt. Nachdem dann dem Toten das Brautkleid angezogen worden war, gab man ihm einen Rosenkranz und ein Sterbekreuz in die Hand. Der Ehering wurde dem Toten nicht mitgegeben. Über Bänke oder über eine Bettstatt wurden Bretter gelegt und darauf der Tote. Die Totentruhe war bei Kindern und jungfräulichen Personen weiß.

4. Kindern schmückte man den Kopf mit weißen Röserln, Vergißmeinnicht oder auch mit Myrten.

5. Wenn am Leichentag der Sarg geschlossen war, begann man mit dem Ablaßgebet: fünf Vater Unser und das „Glaube an Gott".

6. Beim Verlassen des Hauses wurde unter der Türschwelle der Sarg dreimal gesenkt.

7. Beim Abgang des Leichenzuges mußte ein Familienmitglied alle Bienenfässer anheben oder leicht rütteln, damit der junge Bauer nicht auch bald stirbt.

8. Nach altem Aberglauben soll der Leichenzug immer gut geschlossen sein, sonst muß bald wieder eins aus der Pfarrei sterben.

9. Die Vorbeter beim Leichenzug beteten zwei- oder dreistimmig vor.

10. Beim Leichenzug wurde früher an Feldkreuzen der Sarg niedergestellt, der Rosenkranz ausgesetzt und ein eigenes Vater Unser gebetet.

11. Als Grabsteine ließ man früher herrliche Grabkreuze schmieden. Auf einer Rechnung vom Jahre 1699 heißt es:

„Für ein eisernes Grabkreuz dem Schlosser und Maler 9 Gulden und 7 Kreuzer gegeben."

Aus Rattenberg ist eine Rechnung vom 6.5.1699 erhalten:

„Ein eisernes Kreuz gemacht 7 Gulden 30 Kreuzer."
Ein Schlosser stellte am 6.7.1701 eine Rechnung: „Für ein Kreuz und Weihbrunnkesserl 9 Gulden."

Ein Rauch-Club

In Konzell wurde vom Bader Franz Schwarzer um 1900 ein Rauch-Club gegründet.

1. Zweck dieses Rauch-Clubs ist in erster Linie gesellige Unterhaltung, unter Wahrung der Selbständigkeit der Mitglieder, sowie denselbigen billiges Rauchen zu verschaffen.

2. Der Rauch-Club hat seinen Sitz im Ettl'schen Bräuhause zu Konzell.

3. Aufgenommen in den Rauch-Club können nur Personen werden, die sich eines unbescholtenen Charakters zu erfreuen haben, selbständig sind und das 20. Lebensjahr bereits zurückgelegt haben.

4. Jedes beitretende Mitglied entrichtet eine Aufnahmegebühr von 50 Pfennige und als ständigen Beitrag monatlich 10 Pfennige. Aufnahmegebühr und Monatsbeiträge werden zur Anschaffung von Rauchutensilien verwendet.

5. Jeden Donnerstag findet eine gesellige Zusammenkunft statt, und steht es bei dieser Gelegenheit den Mitgliedern frei, von abends 6 Uhr an den von dem Club angeschafften Rauchtabak zu benützen, jedoch darf nach Hause Rauchtabak nicht mitgenommen werden, sondern muß im Lokale verraucht werden.

6. Die Leitung des Rauch-Clubs obliegt dem Ausschusse, derselbe besteht aus einem Vorstande und dem Kassier. Der Vorstand vertritt den Club in allen Angelegenheiten und wird in seiner Abwesenheit durch den Kassier vertreten.

7. Der Austritt aus dem Rauch-Club kann jederzeit erfolgen, jedoch hat das austretende Mitglied zuvor die rückständigen Beiträge zu begleichen. Ebenso kann ein Mitglied aus geschlossen werden, welches sich eine unehrenhaften Handlung zu Schulden kommen ließ. Die Ausschließung wird in Einverständnis der Mitglieder durch den Vorstand vollzogen. Rückzahlung der Beiträge findet nicht statt.

8. Nichtbezahlungen der Beiträge hat ebenfalls Ausschließung zur Folge.

9. An einem anderen als von den Clubmitgliedern festgesetzten Tage Rauchtabak zu benützen, welcher dem Rauch-Club angehört, ist unstatthaft und wird mit Strafe belegt.

Der Brauch des Schnupfens

Ging man in früheren Zeiten durch die Bayerwalddörfer, so sah man in vielen Höfen die großen, meist blau oder rot gemusterten Schnupftabaktücher auf der Wäscheleine hängen. Zu einem echten Schnupfer gehörte, dass er sich seinen „Schmaizler" selber machen konnte.
Die „Tabaksterken", die aussahen wie ein Ring Schwarzwurst, kaufte man in der Stadt, und wenn sich die Gelegenheit ergab, nahm man immer gleich einen ganzen Rucksack voll nach Hause mit. Von diesen „Tabaksterken" wurden kleine Stücke abgeschnitten und in die Ofenröhre zum trocknen gelegt. Dann kamen sie in den Tonscherben, der einer weiten Guglhupfform ähnelte. So etwa alle 14 Tage setzte man das Tabakreiben an. Waren die gekauften Tabakstengel schlecht gebeizt oder gar etwas feucht oder schimmlig, mischte man sie mit Brennesseln oder Zwetschgenbaumrinde. Der geriebene Tabak mußte etwas „greanln" (nach Grünem riechen), wenn die „Pris" richtig schmecken sollte.
Dann begann die eigentliche Arbeit. Jeder Tabakreiber hatte seine Sitzbank, zwischen die Knie wurde der irdene „Tabakscherm" (Mörser) eingeklemmt. Der konisch zugeschnittene „Strempfe" (Reibholzkopf) war meist aus Buchsbaumholz angefertigt. Er paßte sich genau der Rundung des Tabakscherbens an und wurde mit einer etwa 70 cm langen Holzstange geführt. Das erste Mal wurde nur der Tabak gerieben und gesiebt. Neben dem Aroma, das der Buchsbaumkopf abgab, mischte man dem Ta-

bak zusätzlich nun noch einige andere Ingredienzien bei: In einen halben Liter Tabak kamen ungefähr ein halber Eßlöffel Schmalz, ein Teelöffel voll Kalk, einige Weinstockblätter, manchmal auch Zwetschgenlaub, Nußbaumblätter und Brennesselblätter. Mitsamt diesen Zutaten wurde der Tabak nochmals kurz gerieben und war dann erst fertig. Aus dem Scherben heraus wurde er dann in steinerne Flaschen oder in die Blase vom „Weihnachterer" gefüllt, dem Schwein, das an Weihnachten zuvor geschlachtet worden war. Die gefüllte Schweinsblase hängte man an die Ofenstange, damit der Tabak ja nicht feucht wurde. Der Mörser wurde noch fein säuberlich mit einer Hasenpfote ausgekehrt. Brauchte man Nachschub im Tabakglasl, so ließ man die Kostbarkeit durch einen Holztrichter aus der Blase in das Glasl rieseln.

Es gab wunderbar geschliffene, gemalte oder verzierte Gläser, aber auch holzgeschnittene oder aus Horn gefertigte Dosen: Auch irdene Geschirre sah man zuweilen, wenn in der Zünftigen Wirtshausrunde das „Schmaiglasl" von Hand zu Hand gereicht wurde. Es war eine Ehrensache, dass sich jeder mit einer Pris bediente. Auch während des Gottesdienstes ging das „Schmaiglasl" durch die Kirchenbänke, und keinem der kernchristlichen Männer wäre es eingefallen, dass das vielleicht doch nicht ganz passend war.

Man holte sich seine „Pris" auf verschiedene Arten aus dem Behälter: Man klopfte sie direkt aus dem Glas in die kleine Mulde zwischen Daumen und Zeigefinger der linken Hand und zog dann genüßlich das Häuflein in die Nasenlöcher. Aus den hölzernen Dosen entnahm man die „Pris" mit Daumen und Zeigefinger und stopfte sie gleich in die Nase. Aus den Dosen mit den kleinen, abnehmbaren Deckeln schöpfte man gleich in den „Kimpfe" (Nase). Welche Bedeutung der Tabak und das Schnupfen im Wald hatten, mag vielleicht der Ausspruch eines Waldlers verdeutlichen:

„Wenn ma amoi der Schmai nimmer schmeckt, nocha woaß i, dass i boid sterm mou".

Und man erzählt sich sogar: Vor vielen Jahren wurde ein Waldler ins Mitterfelser Gefängnis gebracht. Als er vom Gerichtsvollzieher Weiss durchsucht wurde, hatte er zwischen dem Gesäß ein Glasl eingezwickt, das mit Schmai gefüllt war. Weil der Gerichtsvollzieher zu gut wußte, wie hart es für einen Waldler ist, drei Tage ohne Schmalzler zu leben, machte er ihm die Freud und ließ ihn den Tabak mit in die Zelle nehmen.

Beim Bergerwirt in Neurandsberg hat sich da bei dieser Schnupferei auch einmal etwas Seltenes zugetragen:

Die große heimelige Wirtsstube ist an einem Sonntagabend voller froher Leut gewesen. Es wurde erzählt, Karten gespielt, geraucht und fleißig geschnupft. Dabei sind die Schnupftabakgläser von Tisch zu Tisch gehantelt worden, eins schöner als das andere. Der Unterbremecker, ein seelenguter und schon älterer Bauer, hatte damals (ich war selber Zeuge) ein besonders herrliches blaues Glasl bei sich. Sooft er sein Prunkstückl aus der Hand gab, sagte er immer mit besorgter Stimme: „Loußt's mas fei nöd foin!" An seinem Nebentisch aber saß ein Betrunkener. Auch dieser griff nach dem schönen Glas. Fast atemanhaltend hat ihm der Bremecker zugesehen. Schon beim Abnehmen des Stopsels fiel dem Berauschten das Glas zu Boden. Er, der Betrunkene wurde vor Schreck schneeweiß im Gesicht. „Ich mache alles gut", meinte er dann aufgeregt, „was kostet das Glasl?" Der Bremecker hatte fast seine Stimme verloren. Er sagte nur noch in ganz ruhigem Ton: „Ich pfeif auf dein Geld, dieses Glasl kannst du mir nie gutmachen. Es ist nämlich ein Erbstückl von meinem Großvater, gottselig, und ein solches krieg ich nimmer."

Max Miedaner aus Konzell erzählt

„Aufgewachsen bin ich auf dem „Dialhof" (Dietlhof) in Konzell. Meine Eltern haben, wie der Vater oft erzählte, um 1900 an den langen Herbst- und Wintertagen noch den Holzspan aus Birkenholz gebrannt. Aufgestanden wurde bei uns im Sommer, wenn der Hausgockel gekräht hat, das war so zwischen drei und vier Uhr in der Früh. Brot gebacken hat meine Mutter alle drei Wochen. Meist waren es 18 Leib Schwarzbrot, die in den Backofen kamen. In den Herbstmonaten wurde bei uns noch die „Herbstmilch" angesetzt, in einem Holzkübel, weil die Kühe wegen des mageren Futters im Winter wenig Milch gaben. Dieser Milchkübel ist das ganze Jahr in der Kammer neben der Stube gestanden.

In der Herbstzeit, wenn die Kühe noch genügend Milch gaben, schüttete meine Mutter fast jeden Tag gestöckelte Milch, die sie vorher entrahmt hatte, in den Kübel. Wenn der Kübel voll war, warf die Mutter eine Handvoll Weintrauben in die Milch, so fing sie die nächsten Tage schon an zu gären. Sie wurde dadurch schneller sauer und länger haltbar. Nach vier bis fünf Wochen hatte die Milch ausgegärt. Sie war dann sauer genug, um daraus die „saure Suppe" anzurühren, die wir dann im Winter jeden Tag gleich zwei-, dreimal bekamen und dazu gesottene oder im Bratrohr gebratene Kartoffeln. Heut wird über diese Suppe oft gespottet. Ich sage aber, sie war gesund.

Zu meiner Kinderzeit sind an den Abenden auf unseren Hof noch viele Hoagartngeher (Sitzweil) gekommen, im Winter in der Woche zwei-, dreimal und im Sommer nur an den Sonntagen. Im Sommer sind wir bei diesen Hoagartn meist auf der großen Gredbank gesessen, im Winter aber in der großen warmen Stube. Da ist nicht nur viel erzählt, sondern auch gesungen worden. Die Leut, das sag ich dir, die sind damals noch ganz anders gewesen, da hat nicht eins hin und eins her gezogen. Man ist allgemein gleicher Gesinnung gewesen, so hat man sich gut verstanden und man hat auch zusammengehalten. Durch diesen Zusammenhalt haben viele Menschen das harte Leben viel leichter ertragen. Bräuche hat es früher viel mehr gegeben als heute.

In meinem Elternhaus ist es religiös zugegangen. Es ist viel gebetet und die Fastenzeiten sind streng eingehalten worden. Schon als kleiner Bub hab ich ein Weihnachtskripperl gebaut. Das haben wir dann alle Jahr unterm Christbaum aufgestellt. Der Christbaum wurde vom Vater, solange wir Kinder waren, ganz verstohlen vom Wald heimgebracht, und die Mutter hat den Baum in einem versperrten Stüberl geschmückt. So durften wir ihn also nie vor dem Hl. Abend, wenn die Kerzen daran angezündet waren, sehen; und das ist dann immer eine Riesenfreud gewesen. Diese Freude ist viel echter gewesen, als wenn heute ein Haufen Krempel auf dem Tisch liegt. Einige Tage vor Neujahr sind alle Jahr die Musikanten der Blechmusikkapelle Grimm aus Haselbach gekommen, zu Fuß, und haben vor jedem Haus das Neue Jahr angeblasen. Gespielt haben sie dabei Märsche und Walzer. Besonders gern haben sich die Leut das Böhmerwald-Lied aufspielen lassen (tief drin im Böhmerwald).

Zu Dreikönig sind alle Jahr mehrere Gruppen Dreikönige gekommen. Während der schlechten Zeit nach dem Ersten Weltkrieg haben da die Pfarrer in der Kirche öfter verkündet, man solle nur Kinder von armen Leuten als Dreikönige gehen lassen, damit die ein paar Markl verdienen.

Auf unserem Hof hat zu Lichtmeß die Kälberweil für die Ehehalten acht Tage gedauert. Bei uns sind die Knechte und Dirnen gern länger als ein Jahr geblieben.

Am Palmsonntag haben die Buben sehr lange Palmgerten zur Kirche getragen, das ist ihr Stolz gewesen. Der Aignbauernbub hat einmal so eine lange Palmgart bei sich gehabt, dass er sie in der Kirche nicht aufstellen hat können. Man hat sich in Konzell eine Säge zu leihen genommen und hat der Palmgart zwei Meter vom unteren Ende abgeschnitten. Den Haselstecken, der am Karsamstag beim Osterfeuer geweiht wurde, schnitt und spaltete man zu etwa 20 Zentimeter langen Kreuzen zusammen. An diese Kreuzlein hat man geweihte bunte Bänder von der Palmgart gebunden und sie so an Kreuzauffindung (3. Mai) an die Ecken der Getreidefelder gesteckt. War man draußen auf Wiesen oder Feldern bei der Arbeit und hat man von einer Kirche her den „Engel des Herrn" läuten hören, so setzte man mit der Arbeit aus und betete still das Gebet (Engel des Herrn).

Zu Allerseelen hat unsere Mutter alle Jahr mehr als hundert Seelenwecken gebacken, aus schwärzerem Mehl, für die armen Leut. In der Allerseelenwoche ist bei uns daheim jeden Abend vor dem Bettgehen gemeinschaftlich ein Rosenkranz gebetet worden für die verstorbene Verwandtschaft. Dabei sind wir alle in der Stube auf dem Fußboden gekniet.

Zum Erstkommuniontag hat es für uns Kinder nichts besonderes zu Essen gegeben. Recht armen Kindern schenkten manchmal die Nachbarn oder Verwandten gebrauchte Kleider.

Zur Firmung hat der Firmling (die Buben) vom Paten gewöhnlich eine Sackuhr mit Kette bekommen, oder einen Stoff für ein Sonntagsanzügl. Am Sonntag haben wir auf unserem Hof nur die dringendsten Arbeiten verrichtet.

Wallfahrten sind meine Eltern viel gegangen, der Vater unter anderem alle Jahr einmal nach Weißenregen, wenn dort Kirta gewesen ist. Die Mutter ist besonders gern nach Pilgramsberg gegangen zur Gottesmutter.

An den Abenden, ob Sommer oder Winter, haben wir daheim viel gesungen, lauter schöne Heimatlieder wie z. B: „Mia sand vom Woid dahoam", „Das Konzeller Dörferl", „Das Strahrechenlied" und viele andere.

Ist vom Hof jemand gestorben, so ist er für zwei Tage daheim aufgebahrt worden. An diesen zwei Abenden sind die Verwandten und Nachbarn zum „Aufbleiben" in die Stube gekommen. Entweder schon um neun Uhr oder meist erst um Mitternacht ist gemeinsam laut ein Rosenkranz für das Verstorbene gebetet worden.

Viel hab ich mitmachen müssen in meinem Leben. Trotzdem bin ich mit meinen fast 80 Jahren noch sehr rüstig und lebensfroh. In schlechten Zeiten ist es sicher mein guter religiöser Glaube gewesen, der mir alles leichter zu überstehen geholfen hat."

Fanny Holzer erzählt

„Aufgewachsen bin ich in Stein bei Kollnburg. In die Schule hab ich nach Prackenbach gehen müssen, obwohl wir nach Kollnburg viel näher gehabt hätten. Unser Schulweg hat im Sommer zwei Stunden zur Schule und zwei Stunden von der schule nach Hause gedauert. Und wenn's im Winter über Nacht einen Haufen Schnee hat hergeworfen, dann haben wir oft drei Stunden hin und wieder drei Stunden heimzu gebraucht. Da haben wir aber nichts gemeint dabei. In der Früh sind wir in Herbst- und Winterszeiten bei der Finster fort und auch bei der Finster wieder heimgekommen. Wenn viel Neuschnee gefallen war, dann sind die Buben immer vorausgestapft und haben uns Mädchen ein wenig Bahn getreten.

Stein, wo ich aufgewachsen bin, das ist ein richtiges Winterloch. Stubenhoch ist da im Winter der Schnee oft gelegen.

Uns sind daheim zwölf Geschwister gewesen, vier davon sind weggestorben. Meine Eltern sind arme Häuslleut gewesen, haben im „Inhaus" eines Bauern gewohnt. Zum Jahreslohn hatte sich der Vater vom Bauern einen Wiesfleck ausgedungen, damit er sich im Stall zwei Kühe hat halten können wegen der vielen Kinder. Freilich ist diese Arbeit zum großen Teil auch noch der Mutter geblieben, denn der Vater hat ja den ganzen Sommer auf dem Hof arbeiten müssen. Im Sommer bei der Heu- und Getreideernte hat meine Mutter sogar noch auf dem Hof mithelfen müssen. Zur Mittagszeit ist meine Mutter dann schnell heimgerannt und hat für uns Kinder was gekocht, damit wir was zu essen hatten, wenn wir gegen Abend wolfhungrig von der Schul heimgekommen sind. Als Schulpause hat uns die Mutter im Bratrohr des Stubenofens immer so faustgroße Weggerl aus Roggenmehl gebacken. Die haben wir besonders gern gegessen. Sonst war das Brot das ganze Jahr in der Kammer in einem Kasten eingesperrt.

Ich bin erst in das fünfte Schuljahr gegangen, da hab ich schon zu einem Bauern nach Klinglbach müssen als Hütermadl. Da bin ich dann nach Englmar zur Schule gegangen und nachmittags hab ich die Rinder auf der Wiese hüten müssen. Spät am Abend hab ich dann meine Hausaufgabe gemacht.

Wie ich dann aus der Werktagsschule gekommen bin, hab ich mit meinen 14 Jahren gleich als kleine Dirn zum Wimbauern nach Prackenbach gehen müssen. Da hat's mir aber gefallen, denn das Essen ist nicht schlecht gewesen, und zu Lichtmeß hab ich als Jahreslohn 100 Mark gekriegt.

Vom Wimbauern aus bin ich dann als Dirn zum Liebmannsbergerbauern gekommen. Was ich da zu Lichtmeß ausbezahlt bekommen hab, das hab ich gleich meinem Vater geben müssen, damit er für meine kleineren Geschwister Kleidung hat kaufen können. Mein Vater hatte ja von seinem Bauern, da er die Wiese für die zwei Kühe ausgedungen hatte, sehr wenig Lohn, am Tag nur 50 bis 60 Pfennige. Das hat halt hint und vorn nicht gelangt.

Als Dirn hat man sich seine Wäsche selber waschen müssen. Ich hab's an den Sonntagen immer mit heim genommen ins Elternhaus, da hat es meist meine Mutter mitgewaschen.

Die Knechte haben auch ihre dreckige Wäsche den Müttern heimgebracht. Wenn einer keine Mutter mehr hatte, haben sich Verwandte oder Bekannte darum angenommen. Die meisten Leut sind damals recht entgegenkommend und hilfsbereit gewesen und haben Hilflosen gern ausgeholfen.

Als ich 29 Jahr alt gewesen bin, hab ich einen armen Knecht geheiratet. ER hat mir recht erbarmt, weil er sich in vielen Dingen nicht helfen hat können. Nach der Heirat haben wir vorübergehend beim Mann seinen Eltern in Kelburg gewohnt; da hatten wir aber nur zwei kleine Stüberl. So sind wir recht bald nach Schergengrub als Häuslleut umgezogen. Dort sind wir volle 15 Jahr dem Schergengruber-Bauern seine Häuslleut gewesen. Mein Mann hat Jahr und Tag am Hof gearbeitet, und im Sommer hab ich auch fest mitgeholfen. In Schergengrub, da haben wir uns im Häusl auch eine Kuh halten dürfen, dafür aber hat mein Mann so wenig verdient, dass wir uns recht bald kein Gewand mehr hätten kaufen können. Wir hatten uns auch das nötige Brennholz ausgedungen und einige Pifänge Erdäpfel. Freilich haben wir das alles nebenbei selbst bearbeiten müssen. Wie dann unser Bub schon ein bisserl hergewachsen ist, hat er jeden Tag, bevor er zur Schule fort ist, die große Herd Schafe hüten müssen. Das hat mir viel Ärger gemacht, weil der Bub eh so lausig gewesen ist und dann eine Dreiviertelstunde zur Schule hat rennen müssen. Ja, die armen Häuslleut sind schon etwas viel ausgenützt worden.

An den Sonntagnachmittagen hat die Schergengruberbäuerin oft laut einen Rosenkranz vorgebetet, und die Dirnen und auch wir Häuslleut sind zum Nachbeten angebettelt worden. Mir hat das gar nicht gepaßt, weil man die ganze Woche sowieso nur am Sonntagnachmittag einige Stunden ruhen hat können. Auch als ich noch in Liebmannsberg Dirn gewesen bin, hat am Sonntagmittag nach der Stallarbeit die Bäuerin einen Rosenkranz vorgebetet, und wir Dirnen haben, kniend auf dem Fußboden, nachbeten müssen. Gar manche Dirn hat dabei vor Müdigkeit eingenaferzt (eingeschlafen). Hernach haben wir erst den weiten Weg zu den Eltern heim gehen dürfen. Am Abend haben wir natürlich wieder da sein müssen beim Füttern. Ich selber hab mich, wo ich als Dirn gedient hab, nicht besonders viel beklagen müssen.

Manche Bäuerinnen sind schon boshaft gewesen. Manche Ehehalten (Dienstboten) haben ihre vollgeregnete Wäsche nicht einmal in die Stube zum Trocknen hängen dürfen. So haben manche Knechte ihre nasse Wäsche im warmen Stall aufgehängt.

Nach 15 Jahren sind wir dann von Schergengrub nach Unterstein umgezogen, auch wieder als Häusleut. Der Mann hat auch dort wieder das ganze Jahr auf dem Hof gearbeitet, nur im Sommer hab ich auch noch ausgeholfen. Im Sommer sind wir oft schon um zwei Uhr früh zum Mähen aufgestanden. Ich selber hab recht gern mit der Sense gemäht, weil ich mir immer eine recht gute Schneid hab machen können. Ich hab sogar meinem Mann die Sense oft gewetzt, weil er das nie richtig gelernt hat, er ist halt ein ungeschicktes Ding gewesen und geblieben.

Von Unterstein sind wir dann zum Laumer nach Hubing gekommen, auch wieder als Häusleut. Da sind wir aber gar nicht lange geblieben, weil der Laumer zum Lohn Auszahlen öfter kein Geld gehabt hat. So sind wir halt wieder umgezogen, und zwar zum Stockerbauern nach Gossersdorf. Da bin ich dann alle Jahr in die Holledau ins Hopfenzupfen gefahren und hab jedesmal so 100 Markl mit heim gebracht.

Recht bald sind wir von Gossersdorf nach Denkzell umgezogen , und von dort wieder nach Gossersdorf zur Brauerei Brandl. Da haben wir aber eine recht notige Wohnung bekommen.

Bräuche hat's zu meiner Jugendzeit noch recht viele gegeben. Manche Bräuche sind aber gar nicht schön gewesen. Da haben sich vor Weihnachten die Bauerndirnen als böse Luzia verkleidet, sind umhergelaufen und haben die Kinder geschreckt. Die größeren Kinder aber sind so abgehärtet gewesen, dass sie vor diesen Luzien keine Angst gehabt haben.

Nikoläuse sind manchmal gleich fünf oder noch mehr miteinander gerannt. Jeder hatte eine lange Gart und eine mords Trum Kette in der Hand. Die haben sich manchmal aufgeführt wie die Wilden. Nicht einmal erwachsene Dirnen haben sich abends ins Freie getraut.

Bei den meisten Bauern ist's schon auch schön gewesen. Vor Weihnachten haben viele Bäuerinnen geschaut, dass möglichst zwei oder drei ins Rorateamt gehen haben können.

Recht schön ist's in den Christmetten gewesen. Wenn man so um halb zwei Uhr von der Mettn heimgekommen ist, dann haben sich nochmals alle um den großen Stubentisch gesetzt und es hat eine große Schüssel voll Brietsuppe gegeben; da ist fest eingebrockt worden. Auch hat jedes eine Röselwurst (Blutwurst) und eine Leberwurst bekommen. Vom Christkind haben wir armen Häuslkinder fast nichts bekommen. Ein bisserl was zum Anziehen, ein paar Äpfel und zwei oder drei Griffeln für die Schule.

Ein schöner Tag ist als Dirn der Lichtmeßtag gewesen. Zu Mittag hat's gesottenes Geselchtes gegeben und Knödl. Nach dem Essen hat jede Dirn und auch die Tochter von der Bäuerin ein geweihtes Wachsstöckl bekommen. Dann hat uns Ehehalten der Bauer ausbezahlt für's ganze Jahr. Mei, sind wir da dann voller Freud heim zu den Eltern!

Weil wir daheim sehr arm gewesen sind, ist meine Mutter alle Jahr zu Allerseelen in das „Seelenweckenbetteln" gegangen. Das ist damals so Brauch gewesen bei armen Leuten. Als Kinder haben wir da auch mitlaufen dürfen. So 100 Seelenwecken haben wir da alle Jahr zusammengebracht.

Bei Prackenbach sind zu meiner Kinderzeit zu Martini die „Wolfsauslasser" umhergegangen. Es ist auch Brauch gewesen, dass bei den Bauern der Hüterbub in der großen Stube einen Hüterspruch hat sagen müssen. Dabei hat der Hüterbub ein Blumenbüscherl mit Kräutern in den Händen gehalten, das er nach dem Spruch dem Bauern übergeben hat. Er hat dafür ein Trinkgeld bekommen.

Ehers hat man für's Wetter Ansagen kein Radio gebraucht. Die Leut haben sich nach der Natur gerichtet. Wenn abends die Sonn' untergegangen ist und dabei hat die „Gibelsonn" recht glasig geschienen, so hat man gewußt, dass es am nächsten Tag schlecht wird.

Ganz viel könnt' ich dir erzählen, aber da kommst ein anderes Mal wieder.

Für manche Leut hat's halt im Leben weniger schöne Tage gegeben, so hat's auch uns gegangen. Aber wir sind deswegen auch alt geworden. Am 31. Jänner haben ich und mein Mann die fünfzigjährige Hochzeit gefeiert."
(Aufgenommen1982)

Erlebnisse beim Ochsenhandel

„O mei, bei dem Ochsenhandel, do hods oft zuaganga", erzählte mir ein 89jähriger Bauer. Da sind die Bauern stundenlang zu Fuß auf den Viehmarkt gegangen, mit dem Haklstecken in der Hand und einem Zugbeutel voll Silbergeld in der Lederhosentasche oder in der Geldkatz (Geldgürtel). Es hat sehr viele bekannte Viehmärkte gegeben, so in Hengersberg, in Pilgramsberg, in Cham usw. Die Rinder standen dort im Freien. Da wurde gegoschnt (laut geredet), gehandelt und eingeschlagen.
Wie überall, so haben sich auch beim Viehhandel nicht selten lustige oder auch ernste Stückl zugetragen.
Da hat um 1890 auf einem Hof ein recht christlicher Bauer gelebt. Nur solche, die auf seinen Hof kamen und es verstanden, mit dem Bauern kernchristlich zu reden und den ortszuständigen Pfarrer und die Kirche zu loben, konnten mit ihm am ehesten ein Geschäft machen. Von den vielen Viehändlern, die auf den Hof kamen, verstand das nur einer richtig.
Es war das der alte Rackl, tröst ihn der liebe Gott, aus Moosbach. Er ist ein alter, mit allen Wassern gewaschener Viehhändler gewesen. Immer, wenn er zum Woissbauern nach Grub gekommen ist, zog er vor dem Hof heraußen den Rosenkranz aus dem Sack und ließ ihn so halb über die Joppentasche hängen. Dann stellte er sich so neben den Bauern, dass dieser den Rosenkranz sehen und sich denken mußte: „Aha, das ist halt auch noch ein ehrlicher Händler, der hat noch einen Rosenkranz im Sack, wie es sich für einen braven Mann gehört."
Wenn nun der Woissbauer den Rosenkranz hat hängen sehen, so hat er den Händler gleich recht aufmerksam gemacht: „Rackl, n'Rosenkranz verlierst!" Ja, und dann hat der Rackl-Viehhändler gleich seinen Rosenkranz recht andächtig eingeräumt und dann hat er auch mit dem Woissbauern gut handeln können.
Um 1900 ist es gewesen, da hat der Bauer Popp von Mitterfels ein paar schöne „Gangochsen" (fünf bis sechs Jahre alte, gut abgerichtete Ochsen) von Mitterfels zum Viehmarkt nach Wörth an der Donau getrieben. Popp hat all seine Ochsen gerne auf dem Viehmarkt verhandelt. Schon um Mitternacht ist damals der Popp mit seinen zwei Ochsen losgetrieben. Als Nachtreiber hat er seinen damals zwölfjährigen Sohn mitgenommen. Das war für den Buben sehr anstrengend, aber auch ein schönes Erlebnis für's Leben. Den ganzen Tag verbrachte man auf dem rührigen Markt. Die zwei Ochsen aber brachte der Popp damals nicht los.
Da am anderen Tag in Deggendorf Viehmarkt war, stellte der Popp seine zwei Ochsen in einem Stall in Wörth unter. Schon um Mitternacht aber trieb der Popp mit seinem Sohn Sepperl die zwei Ochsen wieder aus dem Stall und es ging der Marsch zum Viehmarkt nach Deggendorf. Da diese zwei Ochsen auch da den ganzen Tag nicht weggingen, haben sie die zwei Ochsen am späten Abend wieder heimwärts nach Mitterfels getrieben. Drei Tage sind sie unterwegs gewesen, der Popp, der Sepperl und die zwei Gangochsen.

Kleine Auszüge aus unserer Mundart

Die Mundart ist wertvolles Kulturgut eines Volkes. Von allzu vielen wird die eigene Muttersprache längst nicht mehr geachtet, oder man betrachtet sie als minderwertig. Die große Gefahr ist, dass dabei echte Menschenstämme für immer zerstört werden. Wir dürfen uns nicht nur Bayern nennen, sondern müssen es auch sein.
Ich möchte hier nur wenigstens an einige uralte Sprücherl erinnern und sie vielleicht auch vor der Vergessenheit bewahren:

„S'Alter muaß ma ehrn!"

„Ön Heagst wean d'Bama noggad"

„Dea duad bo da Nacht Bröda schnein"
(Der tut bei Nacht Bretter schneiden, so sagt man zu einem, der nachts recht schnarcht.)

„Mia gangst!"
(Damit wenn du mir nicht gehst!)

Das schöne „Pfüat Gott" wird leider von „Tschüß" verdrängt.

„Ön Gotts Nam", so hat man früher die tägliche Arbeit begonnen.

„Do dada mir aa stinga"
(Da wäre ich auch verärgert.)

Dea kreygt gean an Bamhäggö„
(Der bekommt leicht den Schorf, Risse in der Haut, an Händen und Fersen)

„D'Kou hods afdriem"
(Die Kuh hat es aufgetrieben, gebläht.)

„Batzt han eam oanö"
(Geschmiert habe ich ihm eine.)

„Dea doud dö anan rächt ausbeißn"
(Der tut die anderen recht verdrängen.)

„Dea is ganz owakema"
(Der ist ganz heruntergekommen, mit dem Hof z. B.)

„Dö hod d'Winddafensta aff"
(Die hat die Winterfenster, Brille, auf.)

„Geh an andas moi öd Stubn", so sagte man, wenn man einen Besucher verabschiedete, man lud den Gast freundlich schon wieder zum nächsten Besuch in die Stube ein, ein sehr liebevoller Spruch.)

„Dea hod a drugganö Leich ghod"
(Man meinte damit, dass bei dieser Beerdigung wenig geweint wurde.)

„Dös is a rechter Schnointreiber"
(Der versteht es besonders, leichtsinnige Mädchen zu verführen.)

„Dea hod koan Sitzaadn"
(Der kann nicht ruhig sitzen bleiben.)

„Dea frißt an Dog aus da Wocha aussa"
(Der ißt an einem Tag schon so viel, wie ein anderer in einer Woche.)

„Wenn da Bedlmo aufs Roß kimd, na kann na koa Deifö mea dareitn"
(Wenn ein Armer reich wird, dann wird er hochnäsig, so dass er die Not anderer nicht mehr erkennt.)

„Dea kann ai Bindd kemma"
(Der kann jederzeit oder jeden Moment kommen.)

„Du kannst mö!"
(Du kannst mich am A)

„Vogeyds God"

(Vergelt's Gott, so sagte man für alles, was man geschenkt bekam oder wenn jemand unentgeltlich arbeiten half.)

„Das ma do ja ninx laudmaarö wiad"
(Dass mir ja niemand etwas von dieser Sache erfährt.)

„Host möh!"
(Hast du mich verstanden?)

„Hintnahö is da Orsch eigmoin"
(Hintennach ist der Arsch eingemalen, es ist zu spät.)

„Da Hund hod geysld"
(Der Hund weinte, heulte, er deutete an, dass in der Nachbarschaft jemand stirbt.)

„Lou, lou"
(Schau, schau oder den schau an.)

„Dös han i af da Mugg wia da Hund s'Haahölägga"
(Etwas fürchten wie ein Hund, der über einen Flachshechel lecken muß.)

„An Greidn gibt ma ninx"
(Einem, der zu spät bereut gibt man nichts.)

„Moch's Mai zua, sonst fliagt da a Ochs ei"
(Mach den Mund zu, sonst fliegt dir ein Ochse hinein; so sagte man zu einem, der oft gähnte.)

„Kina, sats staad, da Vadda muas inddaschreim"
(Kinder, seid still, der Vater muß unterschreiben; so sagte die Mutter, wenn der Vater in der Schule das Lesen und Schreiben nicht gut gelernt hatte.)

„Lus amoi"
(Hör einmal zu.)

„D'Suppm wiad nia so hoaß gessn wia mas kocht!"
(Die Suppe wird nie so heiß gegessen wie man sie kocht, das heißt, es wird alles halb so schlimm als manche vorher meinen.)

„Bo dö Oidn is ma guad ghoidn"
(Bei den Alten ist man gut gehalten, weil die Erfahrung haben.)

„Da Petrus duat Köglscheim"
(Der Petrus tut im Himmel Kegeln schieben; so sagt man, wenn es bei einem Gewitter recht donnert.)

„A Reicha woaß nöd, wia s'Broud füa Hunga geht"
(Ein Reicher begreift es oft nicht, wie hart sich so mancher das Brot verdienen muß.)

„Dea schint d'Laus um an Boig"
(Das heißt, der schaut überall, wo er nur einen Pfennig herausholen oder sparen kann.)

„Zuagschlogn hod a sö"
(Der Himmel hat sich bewölkt.)

„Dös is an Oagschichta"
(Das ist ein Alleinstehender.)

„Hod da äbba Äbba äbbas do?"
(Hat dir etwa jemand etwas angetan?)

„Wiads wiadarawey"
(Wird es so oder so, ganz egal.)

„A guads Woad findd a guads Oad"
(Ein gutes Wort findet einen guten Ort.)

Gutes Lied und gute Musik

Zu den guten Sitten und Bräuchen, die Grundlage haben, gehören zu Herzen gehende Lieder und gute Musik. Musik, wie auch das Volks- und Heimatlied, das sich aus einem gewissen Menschenschlag heraus gebildet hat, gehören zu den hohen Werten der Volkskultur. Man spürt dabei die Liebe zur Heimat.

Ich denke dabei oft an meine unermüdliche Mutter, die doch mit der übergroßen Familie unsagbar viel Arbeit und Sorgen hatte. Doch uns erwachsene Kinder bettelte sie fast jeden Sonntagnachmittag an: „Geh Kinda, singts hoid wieda a wengl!". Dass wir dann der Mutter nicht mit irgendeinem modernen Schlager eine Stärkung oder Freude hätten machen können, versteht wohl jedes.

Unsere Mutter wußte auch noch so schön zu erzählen, dass, wenn ihre Mutter am Spinnrad gesessen hatte, sie gerne frohe alte Lieder gesungen hatte.

Sauberer Gesang und ruhige, ehrbare Musik tragen bei zum guten Familienleben. Nicht nach Noten, sondern freiweg wurde einst vom Bauern- und Landvolk gesungen und gespielt.

Gespielt wurde in den großen Bauernstuben meist mit Ziehharmonika, Bandoneon, Gitarre und Zither oder auch nur mit dem „Fotzhobel", der Mundharmonika. Diese gute Bodenständigkeit sollte nie aussterben.

Die alte Kleidertracht unserer näheren Heimat im 19. Jahrhundert

Über alte bodenständige Kleidertracht zu schreiben, ist schon etwas schwierig geworden. Es wurde zur betreffenden Zeit sehr wenig niedergeschrieben. Bei meinem vielen Herumfragen bei steinalten Leuten habe ich noch einen großen Teil über die Tracht des 19. Jahrhunderts erfahren können. Und ich habe mich dabei hauptsächlich auf den vorderen/oberen und mittleren Bayerischen Wald konzentriert.

Die Tracht des Gäubodens war bedeutend prunkvoller als die des ärmeren Bayerischen Waldes. Wie sich feststellen läßt, hat man sich früher auf dem Land die städtische Tracht zum Vorbild genommen. Es hat aber den Vorteil, dass man sich auf dem Land nach ländlichen Sitten und Bräuchen und nach Mutter Natur gerichtet hat. Man hat die Tracht auf dem Lande nicht so oft geändert wie in der Stadt. Dazu fehlte meist das Geld, und man war eben auch sehr sparsam. Da trug man oft in der Stadt schon wieder eine neue Tracht, während man auf dem Land die alte erst eingeführt hatte. Die Landbevölkerung trennte sich nicht so schnell vom bewährten Alten. Dies trug zur Gestaltung einer ländlichen Tracht bei.

Ich habe noch viele alte Stücke auf alten Dachböden gefunden und an bayerische Museen geliefert. Wie fast überall, so war die Tracht bis um 1820 noch sehr farbenfroh. Von 1820 an wurde die Tracht nicht nur dunkler, sondern es hat sich auch nach und nach schon viel modische Kleidung eingeschlichen, die auch einfacher wurde. Die Festkleidung wurde dann in den Farben schwarz und olivgrün getragen.

Die Sonntagstracht der Männer (Die Hosen)

Von den jüngeren Männern und Burschen wurde die Kniebundhose gerne getragen. Ältere Mannsbilder trugen für Sonn- und Feiertag eine lange Lederhose (die Stiefelhose). Sie verengte sich keilförmig nach unten. Mit zwei Lederriemchen, die unten angenäht waren, wurde sie seitlich am Fußrist festgebunden. Diese Riemchen kreuzten sich dabei unterm Fußgelenk. Bei den Lederhosen war vorne ein „Türl" angebracht, das Hosentürl.

Die bäuerlichen Hosen wurden meist aus Bockleder von einem Pelzverarbeiter (Kürschner) gemacht. Die Kniebundhosen waren aber gewöhnlich aus Wildleder gefertigt. Sie wurden unterm Knie über den Wollstrümpfen festgebunden. Die Lederhosen ließ man manchmal schwarz färben oder trug sie naturfarben. Sie wurden durch Abnutzung „spintig" und von selber schwärzlich.

Zur Arbeit waren die langen Lederhosen wegen der Steifheit nicht praktisch, besonders beim Bücken.

Der Geldgurt (Geldkatze)

Hosenträger, die anfangs meist grün waren, gibt es nach Angaben erst seit Anfang des !9. Jahrhunderts.

Männer, die zur Schranne oder zum Viehmarkt gingen, oder auch an Sonntagen, hatten die Hose mit einem breiten Geldgurt, der Geldkatze, getragen. Das war eine hohle Geldtasche, welche mit einer Schnalle versehen war. „Bessere" Bauern trugen solche Geldkatzen mit kunstvoller Federkielstickerei. Man trug diese Geldkatzen über dem Hosenriemen, der die Hose festhielt. Diese Geldkatzen dienten zum Verstauen des Silbergeldes oder auch des Goldgeldes. Sie waren meist aus weichem Leder. War diese Geldtasche voller Taler oder Gulden, so sah sie einer dicken Wurst gleich. Geldkatzen heißt man sie, weil man früher dafür manchmal behaartes Leder verwendete.

Die Hemden

Die Sonntagshemden wurden gewöhnlich aus kräftiger Leinwand gemacht. Die obere Hälfte bestand aus feinem (herbenem) Leinen, die untere Hälfte, der Stoß, aus grobem (wirchenem) Leinen. Sonntagshemden gab es auch vereinzelt aus Baumwolle (wenigstens die obere Hälfte).

In der ersten Hälfte des 19. Jahrhunderts hatten die Hemden oft Bändchen statt Knöpfen.

Unterhosen gab es ab und zu aus Leinen, Unterhemden waren nicht bekannt.

Zur Werktagsarbeit gab es gewöhnlich nur einfache Leinenhemden, wirchene und sogar „rupfene", die aber nicht nur rauh waren, sondern, besonders beim Schwitzen recht unangenehm wurden.

Das „Leibl"

Die Leibl waren anfangs noch rot, im Gäuboden meist grün, später aber blau mit kleinen Blumenmustern. Meist waren zwei Reihen Knöpfe angeordnet. Die Goldschmiede haben viele Silbermünzen zu Knöpfen umgeändert. Man nannte das „Anöhrln" (Anlöten von Ösen). Dabei wurden meist 20-Kreuzer-Münzen, „10-Kreuzer" und auch „Sechsermünzen verwendet, je nach Rang. Diese Knöpfe wurden früher nicht angenäht, sondern die Leibl trugen auf der Unterseite (Innenseite) auf jeder Seite eine einen Zentimeter breite Leder- oder Stoffschlinge, welche durch ein Loch in der Weste immer wieder nach außen gesteckt wurde. Durch all diese, aus der Innenseite des Leibls herausschauenden Schlingen wurden die Knöpfe befestigt.

Das Leibl war immer das Prunkstück der bäuerlichen Mannestracht.

Als Futter für die Leibl wurde die unverwüstliche Hausleinwand benützt. Für den Rücken des Leibls verwendete der Schneider oft Seide, auch Leinen. Um 1850 brauchte man für ein Leibl eine Elle (83 cm) Stoff. Die Elle für einen schönen Leiblstoff kostete um 1850 vier bis fünf Gulden. Der Macherlohn betrug einen Gulden und sechs Kreuzer. Zubehör aber mußte dabei der „Anfriemer" (Auftraggeber) liefern.

Im Winter trug man statt des Leibls oft einen „Janker". Er war sehr lang und gestrickt oder auch aus warmem Stoff.

Der Spenser

Über dem Leibl wurde der kurze Spenser (Joppe) getragen. Er war schwarz oder braun. Der

Spenser ist eine kurze Joppe mit ebenfalls zwei Reihen großen Silberknöpfen. Unten herum hatten die älteren Spenser ein sogenanntes „Stößl". Der Spenser wurde nie zugeknöpft. Werktagsspenser waren einfach, manchmal aus kräftigem Leinen.

Der lange Rock

Zum Festgewand gehörte auch der lange Rock, ebenfalls mit zwei Reihen Silber- oder Zinnknöpfen. Er wurde offen getragen. Im Winter wurde er bei Kälte mit angenähten „Haftln" geschlossen.
Die Farben dieser Röcke waren dunkelblau, selten schwarz oder braun und hatten einen schmalen Stehkragen. Sie reichten über die Knie hinunter.
Zur Werktagsarbeit gab es den Rock nicht. Schon vor 1900 sind dann die Mäntel aufgekommen.

Die Hemdbrust

Schon im 19. Jahrhundert wurden für die Männer für Sonn- und Festtage sogenannte Brustflecken hergestellt. Sie wurden als eine Art Zierde über dem Hemd an der Brust befestigt und mittels eines Kragenknöpfls oder mit zwei Bändern im Genick festgebunden. Diese Brustflecke oder „Latzerl", wie man sie im Volksmund nannte, waren gewöhnlich weiß und mit Stickereien verziert.

Hemdkragen

Für Sonn- und Festtage gab es für Männer im späten 19. Jahrhundert einen weißen, steifen, losen Kragen. Er wurde im Genick mittels eines Knopfes am Stehkragen des Hemdes befestigt, und vorne am Hals mit einem schönen, klappbaren „Kragenknöpfl", das entweder vergoldet oder mit dünnem Stoff überzogen war.

Die Kopfbedeckung

Die Hüte (meist Filzhüte) hatten sehr breite Ränder, so wie sie die Zimmerer und Schäfer trugen. Im Volksmund hieß man diese weitscheibigen Hüte auch „Wetterhüte". Die Farbe war meist braun, schwarz und grün. Man ließ auch Hüte passend zum Anzug färben. An den Hüten waren Quasten aus Silber, Seide oder Baumwolle. Sonntagshüte besteckte man auch mit Hutnadeln oder sie hatten Bänder aus Baumwolle.

Im Winter gab es für Männer auch Pelzhauben, im Sommer Strohhüte oder Hüte aus Lindenbast.

Eine schwarze baumwollene Mütze (Zipfelmütze), die seitlich über das linke Ohr oder nach hinten übers Genick hing, und an der am Ende eine ebenfalls schwarze Quaste befestigt war, trug besonders der Waldler im Winter unterm Hut. Im Hause trug man sie ohne Hut. Sie war für den Waldler sehr typisch. Mit dieser schwarzen Zipfelhaube, die auch die jungen Burschen trugen, wurde der Waldler auch ins Grab gelegt.

Ein aus Bast geflochtener Hut kostete 1851 einen Gulden, ein Strohhut kostete 39 Kreuzer.

Der Zylinder

Der Zylinderhut hielt im 19. Jahrhundert meist nur bei bürgerlichen Mannerleuten Einzug. Er wurde in besonderen Kartons sorgfältig aufbewahrt und nur bei Festlichkeiten (Festtage, Hochzeiten, Jubelfeste und Begräbnisse) getragen, und zwar zu einem Frack.

Auch Musikanten trugen ihn bei Festlichkeiten.

Außerdem gab es den „Halbzylinder".

Die Halstücher

Sonntags sah man die Männer und Burschen mit Halstüchern. Sie waren meist schwarz, aber auch bunt und seiden, halbseiden oder baumwollen. Sie wurden zum Tragen auf etwa drei Zentimeter Breite zusammengelegt und vorne am Hals mit einem einfachen Knoten gebunden. Von Burschen wurden sie vereinzelt auch freihängend getragen.

Das Taschentuch

Da die meisten Männer schnupften, nannte man ihre Taschentücher kurzum „Schnupftüchl". Andere Taschentücher hießen auch „Schneuztüchl". Die Schnupftücher waren groß und meist bunt gemustert. Die Grundfarben waren meist rot oder blau. Man trug sie gern seitlich in der Rocktasche, in der Spensertasche oder seltener in der Hosentasche.

Die Strümpfe

Die Strümpfe, die junge Burschen zur Kniebundhose trugen, waren für Feiertage weiß, für die Männer blau und aus Baum- oder Schafwolle. Sie reichten über die Knie hinauf, und darüber lag der Hosenbündel der Kniehose. Man hieß sie „Kniestrümpf". Zur langen Lederkeilhose trug man Schafwollsocken, falls man dazu Schnürschuhe trug.

An Werktagen wickelte man, wenn man Stiefel trug, oft nur Leinenhadern statt Socken um die Füße. Auch warmes, weiches Haferstroh legte man in sehr kalten Wintern in die Stiefel, es hielt warm.

Die Werktagsstrümpfe für den Winter (im Sommer lief man barfuß) bestanden aus selbstgesponnener Schafwolle.

Das Schuhwerk der Männer

Es waren lange Stiefel, später Schnürschuhe gebräuchlich, zur Kniebundhose aber Schnallenschuhe mit Messing- oder Silberschnallen. Diese wurden mit Spangen geschlossen, welche mit der Schnalle verdeckt wurden.

Es gingen Störschuster (Wanderschuster) von Haus zu Haus und flickten oft tagelang all das zerrissene Schuhwerk wieder gut zusammen.

An Werktagen wurden zu Hause oder auch auf Feld und Wiese nur Holzschuhe getragen, die man zum großen Teil im Heim im Winter selber anfertigte.

Im Winter trugen die Kinder zur Schule, wie auch die Knecht zur Waldarbeit, „Schnürholzschuhe", die man entweder im Haus selber anfertigte oder vom Holzschuster machen ließ. Dabei nagelte man alte Schnürschuhe oder Stiefelschäfte auf bearbeitete Holzsohlen. Man nannte diese Schuhe auch „Stiefelholzschuhe". Besser gestellte Bauersleut trugen daheim umeinander zur Arbeit Lederpantoffeln.

Bei Schwerstarbeit trugen die Mannerleut auch vom Schuster gemachte „Bräuhauser", eine Art Lederpantoffeln mit Ferse und kräftigen Ledersohlen, so dass sie wasserdicht waren.

Die Hausschuhe, ob für die Kinder fürs Schulzimmer oder daheim für die Stube, flochten sich viele selber aus Roggenstroh, seltener aus Seegras. Mit diesen warmen geflochtenen Hausschuhen liefen die Kinder bei trockenem Winterwetter auch zum Schlitten fahren.

Der Regenschirm

Der Regenschirm wird schon seit Jahrhunderten verwendet. Er hatte früher einen sehr langen Stiel und war aufgespannt sehr groß. Er schützte bei Regen leicht zwei Personen. Regnete es nicht, trug man ihn geschlossen unter dem Arm, den Haken nach vorne schauend. Die Spannstäbchen waren früher aus Holz, manchmal mit Stoff überspannt und mit Messing verziert. Ein schöner Regenschirm kostete 1869 zwei Gulden und zwölf Kreuzer.

Gehstöcke

Der Landmann schnitt sich aus verschiedenen Hölzern (Hasel, Eiche oder Schlehen) meist selber einen derben Gehstock zurecht. Außerdem gab es viele „Bitzler", die wunderbar geschnitzte Stöcke herstellten und billig verkauften.

Oben am Hakenende schnitzte man gerne Heiligenfiguren oder Motive von Tieren oder Blumen ein. Am unteren Ende des Steckens war ein Eisenstift (Stachel) eingehauen, um vor allem im Winter einen sicheren Halt zu haben.

Man schnitt sich auch Gehstöcke zurecht, die oben eine „Zwiesel" (Gabelung) hatten. Solche „Zwieselstecken" begleiteten gar oft die Männer zum Wirtshaus und sogar zu Hochzeiten.

Für vornehme reiche Herren und Damen gab es herrliche Zierstöcke in Geschäften zu kaufen. Diese waren oft auch ohne Haken und hatten statt dessen einen schönen abgerundeten Elfenbein- oder Beingriff.

Handschuhe

Für den kalten Winter wurden Handschuhe (meist Fäustlinge) aus dick gesponnener Schafwolle gestrickt. Damit die Handschuhe für Werktag nicht so schnell zerreißen konnten, besetzte man sie mit kräftigen Leinen- oder anderen Stoffflecken. Dabei nähte man mit der Hand auf die Innenfläche der Handschuhe diese Flecken auf. Genauso besetzte man auch die Arbeitssocken für den Winter.

Die Haartracht

Viele trugen einen Schnauzbart, seltener einen Vollbart, denn letzterer ist ein Staubfänger.

Die Haare wurden bei Männern wie Buben meist kurz geschnitten.

Der Silberschmuck

Im Allgemeinen trug der Landmann wenig Silberschmuck.

Eine silberne oder gar goldene Taschenuhr, damals noch handgemacht (man bedenke!), dazu eine silberne oder goldene handgemachte Uhrkette mit schönen Anhängseln gehörten zur Brautausstattung, wenigstens bei den Reicheren. Man trug silberne oder goldene Brautringe (Eheringe), selten Ohrringe. An den Schuhen befanden sich gern silberne Schnallen.

Außerdem besaß so mancher Bauer eine silberne (silberbeschlagene) Tabakpfeife. Diese war oft herrlich und künstlich verarbeitet. Es gab Tabakpfeifen, die bis zu 70 cm lang waren. Eine besonders schön und reich verarbeitete Pfeife kostete um1860 zwanzig Gulden und mehr. Das war damals viel Geld. Eine Pfeife war aber auch ein Stück, mit dem mehrere Generationen Stolz und Freude haben konnten.

Der Rauchtabakbeutel

Er war meist aus Schaf- oder Ziegenleder hergestellt und hatte seinen Platz meist in der Innentasche des langen Rockes, seltener in der Hosentasche oder er steckte in der Spensertasche.
Viele Waldler machten sich den Schnupftabakbeutel selber aus der billigen Schweinsblase. Sie wurde beim Sauschlachten in noch warmem Zustand aufgeblasen und an der Ofenstange getrocknet.
Zum Schnupfen gab es herrliche Tabakgläser (mundgeblasen), auch beinerne und hölzerne Dosen, auch Behälter aus Ton und Steinzeug.

Die Frauentracht

Für Sonn- und Festtage legte man auf die Kleidung sehr viel Wert. Man ordnete die Tracht ein für einfache Feiertage, Sonntage und extra noch für hohe Festtage. So nannte man die Kleidung für besonders würdige Festtage wie Ostern, Pfingsten und Weihnachten, Prangertag, Kirchweih oder Hochzeiten das „Tschestgwandda" (das Gewand für die schönsten Tage).
Die zweitbeste Kleidung hatte den Namen „Sunddagwandda" (Sonntagsgewand) und die drittbeste Sorte war das „Feiertagsgwand" oder „Sonntagnachmittagsgwand".
Man hatte Freude am Schönen und an der Qualität. Die bessere Kleidung, die nur bei Festlichkeiten getragen wurde, nannte man im Volksmund „Huifias Gwand".
Sehr viele einfache Kleidungsstücke machten sich früher etliche Mädchen selber.

Das Hemd

Die Hemden waren früher ziemlich lang. Bei Sonntagshemden bestand die untere Hälfte meist aus feinem (herbenem) Leinen, die obere Hälfte aus Baumwolle. Die Hemdärmel sind dreiviertellang gewesen und zurück bis zu den Ellbogen schon gehäkelt.
Die Hemden der Landfrauen wurden meist am Halse durch ein Zugbändchen geschlossen.

Werktagshemden waren auf dem Land aus rauher Leinwand.

Die Unterhosen

Für Sonntag trugen die Weiberleut leinene wie auch baumwollene Unterhosen. Diese hatten an den Fußenden Spitzen angenäht.

An Werktagen trugen die Weiberleut auf dem Land bis um 1900 nur selten Unterhosen.

Die Strümpfe

Die Strümpfe (meist Kniestrümpfe) strickten sich die meisten Mädchen und Frauen selber. Es gab aber auch viele Strickerinnen, die schöne und billige Strickwaren auf Bestellung herstellten.

Die Strümpfe waren sehr bunt, gern in roter Grundfarbe und aus feiner Schaf- oder Baumwolle. ES gab unvorstellbar vielfältige Muster, so z. B. geringelte, „gehäuselte" usw. Diese schönen Trachtenstrümpfe reichten bis unter die Knie.

So manches Mädchen hat sich für ihre Brautausstattung 50 und mehr Paar Strümpfe gestrickt und darauf Wert gelegt, dass jedes Paar ein anderes Muster bekam. Diese herrlichen Strümpfe hat die Braut dann säuberlich in eine Truhe oder einen Korb gelegt und als Brautausstattung auf den Kammerwagen geladen. Ich glaube, man geht nicht zu weit, wenn man so manches Landmädchen als Künstlerin bezeichnet.

Für werktags strickte man meist Strümpfe und Socken aus reiner Schafwolle.

Die Schuhe

Die Frauen und Mädchen trugen zur alten Tracht die passenden Schnallenschuhe mit Messing- oder Silberschnallen.

Ab ca. 1850, als die echte Tracht langsam abflaute und sich die meist schwarze Kleidung breitmachte, stellten die Schuhmacher hohe Schnürschuhe her; solche wurden auch als Brautschuhe getragen bis um 1920/30.

An Werktagen trugen die Frauen Holzschuhe oder Lederpantoffeln.

Die Unterröcke

Die Unterröcke waren meist aus buntem, handgewebtem „Gradl" (doppelt gewebt) oder auch aus Baumwolle. Auch gab es einfarbige Unterröcke in den Farben rot, blau, schwarz und grün.

An der Innenseite des „Innerkidl" (Unterrock) waren Bändchen zum Umbinden befestigt. Unten herum war ein etwa 15 bis 20 cm breiter Rand, der sogenannte „Foam", aufgenäht, und zwar vom selben Stoff. Dieser „Foam" ist nach unten recht faltenreich verlaufen. Die Unterröcke behielten die Frauen im Winter gewöhnlich auch im Bett an. Für den Winter waren sie schön wattiert. Sie hatten bunte Farben, auch schwarz. Diese wattierten Unterröcke waren in Fischgratmuster abgesteppt.

An der Unterseite war auch wie bei Sommer-Unterröcken der „Foam" aufgenäht, auch 15 bis 20 cm breit. Diese wattierten Unterröcke machten den Unterkörper sehr bauschig.

Außenkidl (Außenrock)

Auf die Außenröcke für Sonn- und Festtage richtete man ein besonderes Augenmerk. Man wählte dafür nur guten Stoff. Die älteren Frauen trugen ihn etwas dunkler als die jüngeren. Am Rock verliefen meist senkrecht weiße oder rötliche Streifen. Diese Außenröcke hatten unten herum auf der Innenseite zum Schutz gegen Ausfransen ein sogenanntes „Kidlblö" eingenäht. Das war ein zwei bis drei Zentimeter breiter Streifen. Bei älteren Röcken war dieser Streifen bis zu zehn Zentimeter breit. Ebenfalls am unteren Ende des Außenrockes, aber an der Außenseite, war der sogenannte „Besnlitzn" (etwa ein bis zwei Zentimeter breite Zierspitze) aufgenäht.

Für den Sommer waren alle Kitteln (Röcke) aus dünnerem Stoff. Hinuntergereicht haben sie, besonders die älteren, bis zu den Knöcheln. Wenn da bei schlechtem Wetter die Wege recht dreckig waren, so erzählte mir eine alte Näherin, dann hat man beim Gehen mit einer Hand den Außenrock etwas hochgehalten oder auch einen Zipfel vom unteren Ende oben in den Bund gesteckt. Deswegen wählte man für den Sonntagsunterrock auch einen schönen Stoff, damit man sich auch mit angehobenem Außenrock hat sehen lassen können. Nach 1900 hat man viele Weiber jammern hören: „Grad dö lange Kidlmode und dö trümmer Kopftüchl wenn abkämen!".

Der alte Woferl Fearö (Schmid Xaver) aus Neurandsberg erzählte mir noch, dass in seiner Jugendzeit (un1890) die Weiberleut auch sogenannte „Roafkidln" trugen. Sie waren aus dunklem Stoff, und unten war rundherum ein Reifen aus Haselnußholz eingenäht, von ca. 70 cm Durchmesser. Diese Röcke reichten bis zu den Knöcheln. Während des Gottesdienstes mußten die Weiber, die solche Kitteln trugen, stehen, da sie nicht in den Kirchenstuhl paßten.

Im 19. Jahrhundert hatten reiche Bäuerinnen auch Kitteln aus schwarzer oder olivgrüner Seide getragen.

Das Leibl oder Miederleibl

Die Leibl sind ärmellos gewesen. Unten herum hatten sie ein etwa acht Zentimeter breites, mit Schafwolle gefüttertes „Gschejs", zum besseren Halt des Rockes.

Diese Leibl hat man als „Miederleibl" bezeichnet, weil man darüber das Mieder getragen hat. Sie waren meist in den frischen Grundfarben Rot, Grün, Violettblau und kariert gemustert.

Die Leibl waren ohne Knöpfe. Zum Zubinden war am Kragen ein Zugband eingenäht, und an der Brustseite sind einige „Haftl" (kleine Haken) zum Zusammenhängen befestigt gewesen.

Die alte und tüchtige Frau Brembeck aus Haselbach war eine Näherin vom noch alten Schlag. Sie erzählte mir, dass es vor 1900 noch eine Leiblart gab, die man „Folej" nannte. Diese war meist von roter Farbe, auch ärmellos und ziemlich lang. Als Innenfutter war Leinen verwendet worden. Die „Folej" waren mit Schafwolle gepolstert. Vorne auf der Brust waren sie auch wie die späteren Miederleibl kreuz und quer versteppt.

Das Mieder

Das Mieder, das über dem Leibl getragen wurde, war im Bayerwald weit einfacher als im reichen Gäuboden. Es war in dunkler, meist schwarzer Farbe gehalten und rundherum mit Goldborten verziert.

Das Silbergeschnür (der „Charivari") war im Wald nicht so reich und kunstvoll wie im Gäuboden.

Die Mieder hatten innen kräftiges Leinenfutter. Junge Frauen, besonders Mädchen, haben im Sommer an den Sonntagen bei schönem Wetter am Oberkörper nur ein Hemd mit schönen Rüscherln, Leibl und Mieder getragen. Dazu hatten sie am Arm einen Zöger oder ein schön geflochtenes Körbl hängen. Das war ein gut bäuerliches Bild.

Das Füada (Fürtuch)

Es wurde über dem Rock getragen. Der Name „Fürtuch" wird wohl von Vortuch abstammen.

Sonntagsfürtücher wurden meist in herrlicher Ausführung gemacht. Die besseren Fürtücher waren aus Seidenstoff. Es gab Füada in schwarz, gelb, blau, grün u. a. Sie mussten zum Kittl (Rock) passen. Umrandet waren diese Fürtücher auf drei Seiten mit schönen Spitzen, oft sogar, besonders unten, mit kleinen aufgefaßten Glasperlen.

An einfachen Feiertagen hat man oft nur blaugefärbte Füada aus grobem Leinen getragen. Werktagsfüada bestanden gewöhnlich aus ungefärbtem, kräftigen Leinen.

Die Kopftücher

Um 1820 herum sind aus der Stadt die großen schwarzen, braunen und grünen Kopftücher aufs Land gekommen. Es gab sie für den Sommer in Halbseide und teurer reiner Seide.

Die älteren Frauen haben an Feiertagen diese gebundenen Kopftücher beim Tragen möglichst weit über den Kopfscheitel nach vorne geschoben. Die jungen Mädchen aber schoben sie weit zurück, so dass man vorne die Haare noch einige Zentimeter breit hat sehen können. Das Binden dieser Kopftücher mußte schon gelernt sein. Unterm Haarnest wurde ein Knoten gemacht. Die Zipfel hingen über den ganzen Rücken hinunter. Überm Kopfscheitel wurden die Tücher zum guten Halt noch mit Nadeln befestigt. Zum Binden dieser mehr als einen Quadratmeter großen Seidenkopftücher halfen gern zwei Frauen zusammen.

Ein schwarzes, echtes Seidenkopftuch kostete um 1890 zwanzig bis fünfundzwanzig Mark, das war damals viel Geld.

Für den kalten Winter gab es sogenannte Schaltücher, die man über die Schulter legte. Vorne am Hals hielt man sie mit einer Spange oder Sicherheitsnadel zusammen.

Der Spenser der Frauen (Außenjoppe)

Den Weiberspenser hat man auch „Spenserjoppm" genannt. Im Volksmund hieß er meist nur „Joppm". Die Ärmel dieser Spenser waren im 19. Jahrhundert sehr bauschig. Auf der Brust waren sie sehr tief ausgeschnitten.

Der Spenser wurde über dem Mieder getragen, von den älteren Frauen das ganze Jahr über an Sonn- und Feiertagen, von jungen Frauen und Mädchen aber nur zur Winterzeit.

Die Spenser hatten unten herum, also überm Gesäßumfang, sogenannte Schöße. Diese waren in Falten gelegt, so dass sie rüscherlartig aussahen.

Die ländliche Haube

Die vorne mit Spitzen besetzte Haube stand besonders jungen Frauen und Mädchen sehr gut.

Hauben gab es im Laufe der Zeit in vielen Formen und Qualitäten. Auch die Verzierungen waren vielfältig. Hauben aus echtem Pelz waren nicht selten. Die Farben der Hauben waren früher auch bunt.

Aus der schönen bäuerlichen „Rüscherlhaube" entwickelte sich nach und nach nebenbei die „Riegelhaube"., die aber im Bayerwald wenig getragen wurde. (Vor allem im Gäuboden).

Die goldene Riegelhaube trugen verheiratete, die silberne die ledigen Frauen, und die schwarze wurde bei Trauer getragen.

Das Kranl

Eine besondere Zierde der Mädchen war das Kranl (von Krone). Es war oval (früher rund) und mit Goldborten und Glasperlen geschmückt. Es wurde am Hinterkopf aufs Haarnest gesetzt und mit einer Silberspange oder mit Haarnadeln über dem Kranl an den überstehenden Haaren befestigt.

Die Kranl haben schon eine lange Tradition. Nur haben sie sich wie viele andere Trachten etwas verändert. Das Kranl wurde von Jungfrauen getragen, vor allem bei großen Festen wie z. B. am Fronleichnamstag. Manche Mädchen trugen es auch als „Brautkranl". Um 1900 und schon vorher trugen die Jungfrauen ein extra Jungfrauenkränzchen. Diese machten früher die Haubenmacherinnen, aber auch so manch tüchtige Näherin. Es wurde Seidenstoff und auch Grünzeug mit Blättern verwendet, das in Wachs getaucht wurde, was für lange Haltbarkeit sorgte. Zu diesem Jungfrauenkranzl trugen die Jungfrauen, die dem Jungfrauenbund angehörten, an der linken Brustseite noch eine Medaille der unbefleckten Jungfrau Maria. Schon um 1900 trugen Bräute statt eines Kranls grüne Kränze, meist aus Myrten und Rosmarin, die sich auch gut ausnahmen.

Die Haare wurden für Sonn- und Festtage eingepudert.

Das Taschentuch

Es war früher einfach und aus rein weißem Leinen gemacht. Beim Kirchgang hatten die Mädchen und Frauen ein weißes Taschentuch gerne ans Meßbüchl gedrückt getragen.

Tugendkränzlein

ES gab früher auch sogenannte Tugendkränzlein für Burschen und auch für so manchen

Bräutigam. Sie waren schön verarbeitet, und man trug sie am Oberarm.
Auch Primizianten trugen am Arm das Tugendkränzchen.

Die Werktagskleidung

Die Frauen und Mädchen machten sich viel von ihrer Werktagskleidung selber.
Bei Männern wie Frauen bestand die Werktagskleidung vor allem aus selbst hergestelltem unverwüstlichem Leinen.. Man verwendete dazu meist doppelt oder dreifach gewebtes Leinen (Gradl oder Drillich).
Diese Werktagskleidung aus Leinen wurde gewöhnlich blau gefärbt.
Man trug selbstgemachte Holzschuhe, die Männer häufig auch die vom Schuster gemachten „Bräuhauser" (eine Art Pantoffel mit Ferse). Die Frauen trugen auch Lederpantoffeln.
Im Winter zog man selbstgestrickte Schafwollsocken an. Die Socken wie auch die Handschuhe (Fäustlinge) wurden zusätzlich mit einem kräftigen Leinenfleck besetzt (meist nur die Innenseite); sie hielten so dreimal so lange. Man besetzte dieselben Socken und Handschuhe oft drei- bis fünfmal, bis wieder neue notwendig wurden. An die Arbeitshandschuhe waren meist Bändchen genäht, so dass man sie bei Nichtgebrauch um den Hals hängen konnte. Werktagshemden wurden aus sehr grobem Leinen gefertigt. Im Sommer oder bei staubiger Arbeit waren diese für Menschen mit zarter Haut nicht angenehm. Zur Arbeit im Winter gab es lange „Janker" aus Tuch oder Schafwolle. Die Männer trugen alte, abgenützte Hüte, und die Frauen hatten zur Arbeit Kopftücher aus weißem oder gefärbtem Leinen auf. Daheim in der Stube trug man im Winter Strohschuhe aus geflochtenen Roggenstroh-Zöpfen. Solche trugen die Kinder auch in den Schulzimmern. Diese Strohschuhe hielten sehr warm. Um ihnen einen längeren Halt zu geben, wurde eine Filzsohle von einem alten Hut oder später auch von alten Fahrradmänteln aufgenäht.
Schon um 1870 klang die alte Tracht ab. Die Kleidungsstücke wurden immer einfacher und glatter geschnitten.
Besonders schön handwerklich gemachte Stücke wurden früher (vor allem von Frauen) gut erhalten und liebevoll der nächsten Generation übergeben.
Die oft handwerklich meisterhafte Arbeit so mancher Schneider und Näherinnen verhalf der Tracht zu historischem Wert.

Alte Glückwunschkarten

Bei meiner jahrzehntelangen unermüdlichen und geduldigen Sammeltätigkeit alter, ausgedienter Gerätschaften, die ich wegen des Erhalts nur bayerischen Museen zubrachte, durfte ich mich bei vielen Bauern auch oft auf alten Dachböden oder in Rumpelkammerln ein wenig umsehen. Da standen, vollkommen unbeachtet, verstaubte alte Truhen, Kisten und eingedrückte Pappschachteln aufeinandergestapelt. Wegwerf-Mode hat es früher in ärmeren und sparsamen Zeiten nicht gegeben. So verpackte man ausgediente Dinge irgendwo, wo sie nicht im weg standen. Meist waren es alte Kleidungsstücke, altes Geschirr und alte Gebetbücher, die da auf dem Dachboden verpackt waren.
Öffnete man nun mit größter Vorsicht so manches Buch oder eine Zigarrenschachtel, so entdeckte man unter anderem auch alte Ansichts- oder Glückwunschkarten. Gar oft waren diese durch Unachtsamkeit stark beschädigt. Wenn ich mich dann nach der Herkunft dieser Karten bei der ältesten Person des Hauses erkundigt habe, so bekam ich fast immer dieselbe Antwort:

„In armen Zeiten haben bei kinderreichen Familien die Kinder meist schon mit zwölf Jahren hinaus müssen in die Welt, um sich das Brot zu verdienen. Manche dienten bei Bauern, andere weit entfernt in einer Stadt, sogar über das große Wasser nach Amerika sind welche gezogen. Für viele ist der Abschied hart gewesen, und so ist man zum allermindesten in bester Verbundenheit geblieben, mit all den Lieben in der Heimat. Vor allem zu Weihnachten, Neujahr, Ostern, Pfingsten und zu den Namenstagen, die damals noch geehrt wurden, sind dann solche Karten heim zu den Verwandten und vor allem ins liebe Elternhaus geschickt worden. Solange man sich gegenseitig gekannt hat, steckte man diese Karten gern hinter den Spiegel, in ein Buch oder an einen anderen Platz, wo man sie halt täglich fest im Auge hatte und sie immer wieder zum Lesen in die Hand nehmen hat können. Da sind meist recht liebevolle, heimatverbundene Verslein dringestanden, so dass einem beim Lesen gar oft die Augen naß geworden sind. Vor allem junge, sich liebende Leut haben sich gegenseitig recht rührende Worte zugeschrieben. Ja, und dann ist man halt alt geworden, und wenn man gar verstorben war, so sind diese Karten fast fremd geworden. Die Nachkommen haben diese entweder mit Fäden zu kleinen Bündeln gebunden oder auch lose in irgendeinen Pappschachtel gelegt und in einen Schrank, eine Truhe oder auf den Dachboden gebracht, wo sie dann mit der Zeit fast vergessen wurden. Manche Mütter oder Väter, denen diese Karten und die recht lieb geschriebenen Zeilen besondere Freude gemacht haben, haben sie sogar gesammelt und in Alben gesteckt. Mit der Zeit aber ist auch dieser Brauch wieder abgekommen."

Soweit das Gespräch mit den alten Leuten. Heute in einer Zeit der Sammelleidenschaft hat man auch gelernt, diese Dinge wieder zu schätzen. Wenn sie auch in Wirklichkeit nur in jenes Haus gehörten, an das die Karte adressiert war, so ist es doch von großem Wert, wenn sich ordentliche Sammler darum annehmen bevor sie zugrunde gehen. Und so haben diese, wenn auch nur kleinen, Dokumente noch eine Bleibe für lange Zeit bekommen.

Glückwunschkarten wurden schon in der Barockzeit, am End' noch früher, verschickt. Der Anfang geht sicher zurück auf städtischen Brauch. In der ausgehenden Biedermeierzeit aber, und besonders bis Anfang des 20. Jahrhunderts, wurden die allermeisten solcher Karten verschickt. Die wenigen Karten, die ich selber in näherer Umgebung gesammelt habe, möchte ich hier in diesem Brauchtumsbüchl veröffentlichen. Einige Karten dürften noch aus der ausgehenden Barockzeit (18. Jahrhundert) stammen. Manche sind aus der Biedermeierzeit und die übrigen aus der Zeit zwischen 1870 und 1930.

Es gibt Freundschafts- und Glückwunschkarten in verschiedenen Aufmachungen: handbemalte, gestickte, gedruckte , kolorierte, ausgeschnittene und viele mehr. Eine Besonderheit sind die spielerischen Bilder mit beweglichem Teil; sie stammen meist aus der Biedermeierzeit. Eine Weiterentwicklung dieser Glückwunschkarten waren dann die Poesiealben bis zur Mitte des 20. Jahrhunderts.

Mögen diese liebevollen Karten allen Lesern dieses Buches ein wenig Freude machen.

Kinder mit Kräuterbuschen am Maria-Himmelfahrtstag

Ein liebevoller Brauch der Adventszeit ist das „Christkindleisinga" in Buchenau

Gang zur Christmette

Die Kapelle Bugl, Schwarzach, beim „Neujahrsanblasen"

Christmette auf dem Bogenberg

Am Dreikönigstag werden an die Türen die Anfangsbuchstaben der Dreikönige geschrieben

Die Dreikönige in einer Bauernstube

Kinder beim „Frauentragen in Schida

Beim Flachsspinnen

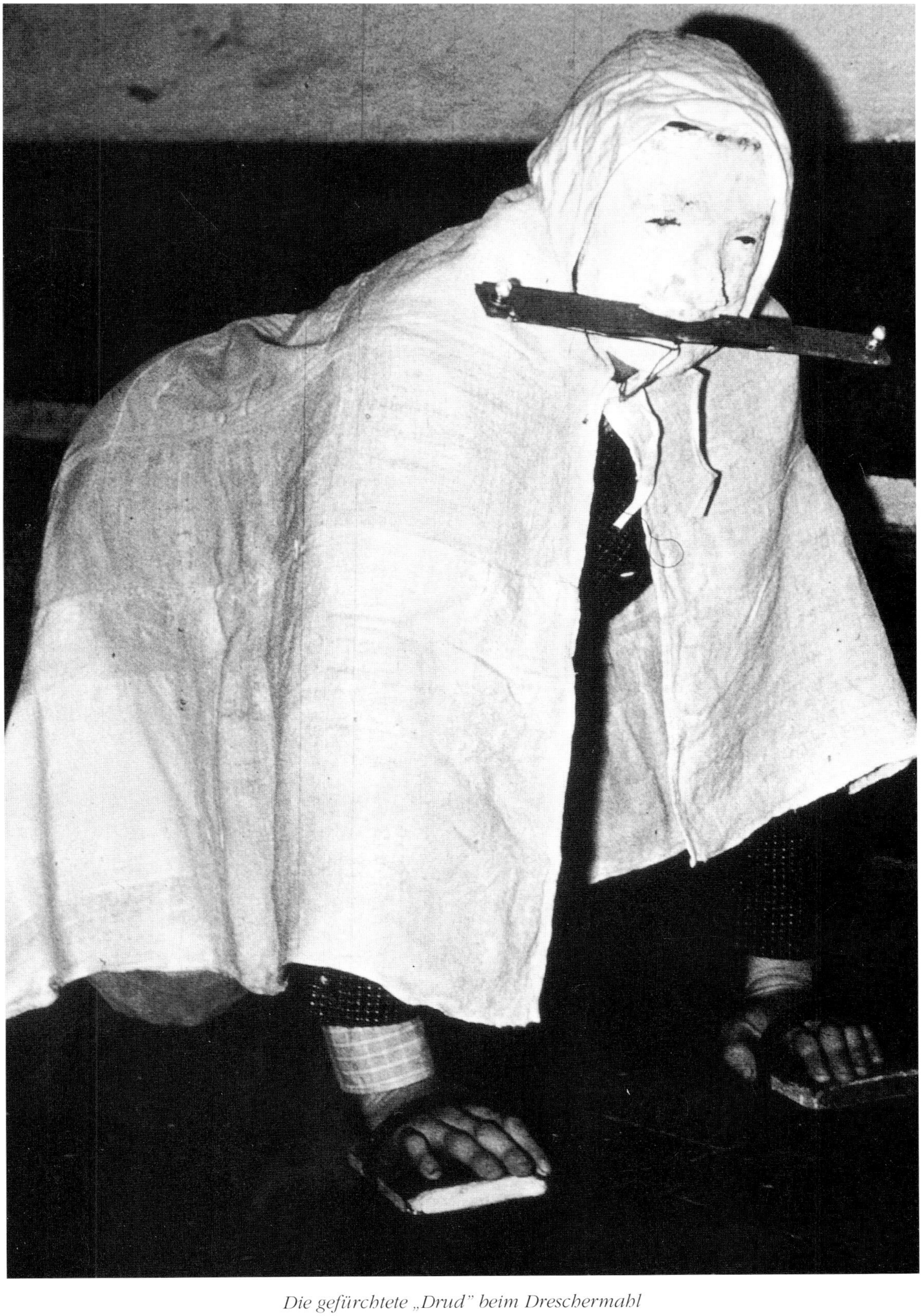

Die gefürchtete „Drud" beim Dreschermahl

Das „Winteraustreiben"

Kreuzwegstationen bei der „Weißen Marter" in St. Englmar

Osterkerzenweihe am Karsamstag

Verzierte Ostereier

Hier in Oberalteich wird der Maibaum noch mit Muskelkraft aufgestellt

Einfacher Maialtar in der Bauernstube

Das „Pfingstltuschen" in St. Englmar 1973

Der Kötztinger Pfingstritt, ein uralter, schöner Brauch

Am Fronleichnamsfest wird bei den Fluraltären der Segen gespendet

Fleißige Frauenhände schmücken die Fronleichnamsaltäre mit Blumenteppichen

Junges Mädchen beim „Wollküchelbacken" für den Kirta

Bei der „Arberkirchweih", die schon im Jahre 1806 eingeführt wurde

An Martini ging der Dorfhirte mit Buben mit Kuhglocken schellend zu den Bauern, um seinen Lohn zu empfangen

Ein Bräutigam führt an seinem Hochzeitstag die Pferde selber (eine Seltenheit)

Gemeinsames Gebet nach dem Essen

Die Kesselsbodener Kapelle

Junge Mädchen beim Volksliederabend

Tracht bei St. Englmar, um1900

Handgemalter Glückwunsch mit handgestochener Ornamentik, Ende 18. Jahrhundert

Liebeskarte, Mitte 19. Jahrhundert

Glückwunschkarte, handgemalt, Ende 18. Jahrhundert

Glückwunschkarte aus der Biedermeierzeit

Gedruckte Freundschaftskarte, erste Hälfte 19. Jahrhundert

Gedruckte Freundschaftskarte mit beweglichem Teil, erste Hälfte 19. Jahrhundert

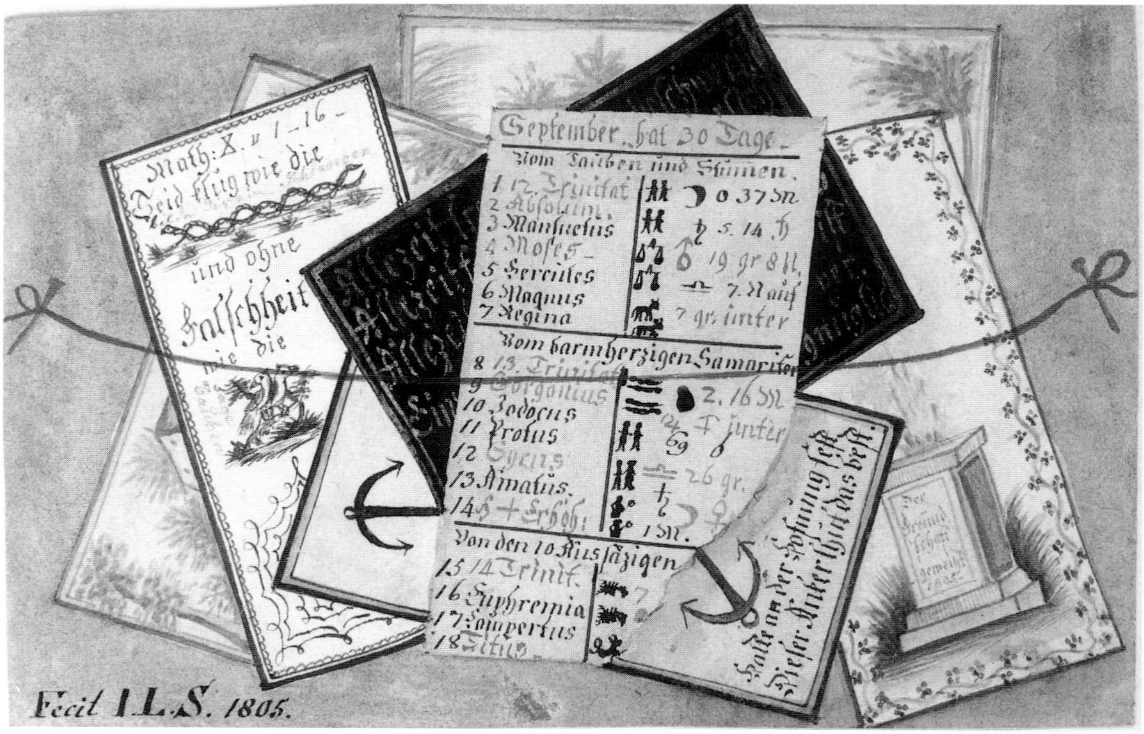

Erste Hälfte 19. Jahrhundert

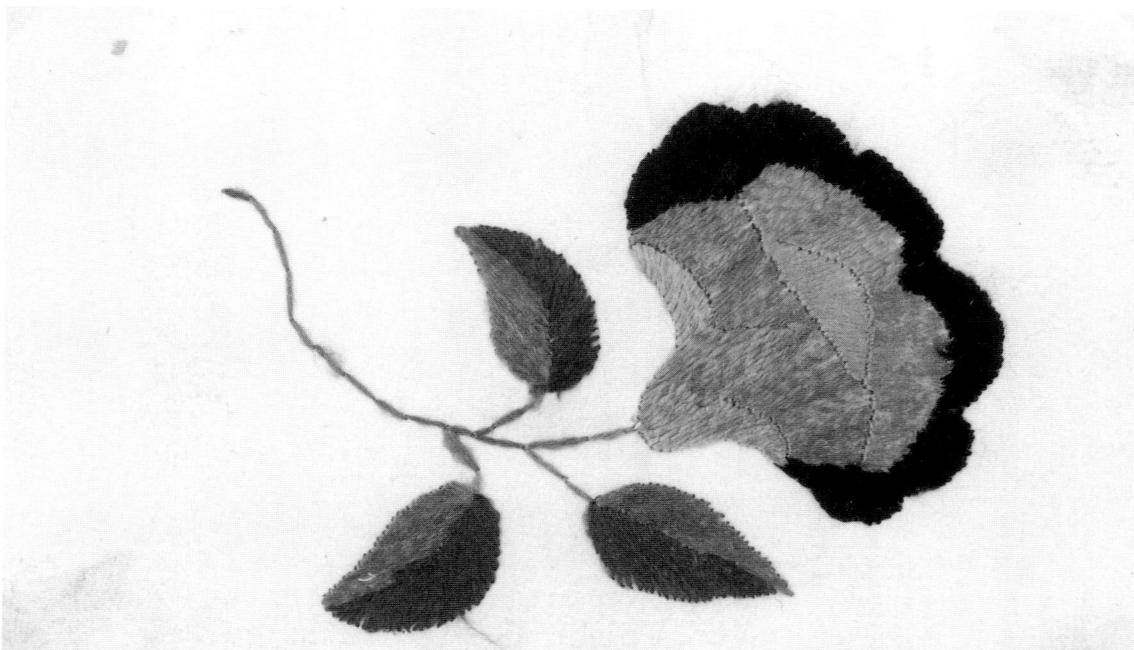

Gestickte Glückwunschkarten nach Vorlagen waren einst sehr beliebt

Glückwunschkarte mit beweglichem Teil, 19. Jahrhundert

Glückwunschbild mit beweglichem Teil, 19. Jahrhundert

Bedrucktes Liebesbild, erste Hälfte 19. Jahrhundert

Freundschaftskarte, Biedermeier

Liebeskarte, Ende 19. Jahrhundert

Freundschaftskärtchen, handgemalt, Biedermeier um 1830

Gestickte Glückwunschkarte nach Vorlage, um 1830

Fröhliche Weihnachten (Karte noch nicht gelaufen)

Weihnachtsgrüße aus Brühl, 1917

Glückwünsche zum Neuen Jahr, um 1910

Glückwunsch zum Neuen Jahr, um 1900

Ein glückliches Neues Jahr, um 1915

Glückwunsch zum Neuen Jahr von Steinburg nach Hunderdorf, 1910

Viel Glück im Neuen Jahr aus Nürnberg nach Hunderdorf, um 1920

Herzlichen Glückwunsch von den Neujahrsanbläsern aus Hunderdorf

Viel Glück im Neuen Jahr, um 1915

Viel Glück zum Neuen Jahr aus Dillingen, um 1900

Prosit Neujahr! nach Hunderdorf, um 1910

Die besten Wünsche aus Düsseldorf, 1917

Glückwunsch zum Neuen Jahr an das liebe Schwesterlein, um 1910

Glückwunsch zum Neuen Jahr aus München nach Mitterfels

Fröhliche Ostern an den lieben Vater, um 1905

Fröhliche Ostern einer Freundin nach Pilsting

Herzliche Ostergrüße aus München, 1922

Ostergrüße von Kempten nach Deggendorf, 1917

Fröhliche Ostern aus Regensburg, 1906

Fröhliche Ostern von Regensburg nach Hunderdorf, um 1905

Gesegnete Ostern an das liebe Schwesterlein, um 1900

Frohe Pfingsten, um 1900

Die besten Wünsche zum Geburtstag aus Kempten an die Mutter, 1912

Herzlichen Glückwunsch zum Namenstage nach Kempten, 1927

Herzlichen Glückwunsch zum Namenstage nach Haselbach, 1934

Herzlichen Glückwunsch zum Namenstage aus München, 1933

Herzlichen Glückwunsch zum Namenstage aus Bogen, um1910

Herzlichen Glückwunsch zum Namenstage, um 1900

Herzlichen Glückwunsch zum Namenstage an die liebe Tochter, um 1900

Herzlichen Glückwunsch zum Namenstage an einen Verwandten, um1910

Herzlichen Glückwunsch zum Namenstage nach Hunderdorf, 1914

Herzliche Glückwünsche zum Namenstage aus Konzell, 1908

Aufklappbare Erinnerungskarte, um 1910

Aufklappbare Glückwunschkarte, um1920

Aufklappbare Glückwunschkarte, um 1910

Freundschaftskarte nach Grafing, um 1910

Freundschaftskarte nach Mittenhofen, 1907

Noch nicht gelaufen

Freundschaftskarte

Freundschaftskarte nach Mattenhof, um 1907

Freundschaftskarte aus Mitterfels, 1917

Freundschaftskarte nach Kirchberg im Wald

Freundschaftskarte an eine Magd, 1907

Karte zum Andenken aus Erlangen, um 1910

Einladung zur Hochzeitsfeier
des Brautpaares
Jüngling Georg Loibl,
Oekonom in Ittling,
mit
Jungfrau Maria Kerl,
Oekonomenstochter in Straßkirchen
am Mittwoch den 30. April 1902
Vormittags 10 Uhr
in der Pfarrkirche zu Ittling.
Festmahl Mittags 12 Uhr im Gruber'schen Gasthause zu Ittling.
Mahl 6 Mark.

Einladung zu einer Hochzeitsfeier, 1902

Schützengesellschaft Roßhaupten.

Zu unserem am
Sonntag, den 22 Sept 1912
stattfindenden
Schützen-Balle
im Kernbichl'schen Gasthause in Roßhaupten ladet freundlichst ein:

Die Vorstandschaft.

Hans Stolz, Buchdruckerei, Mitterfels.

Einladung zu einem Schützenball, 1912

Freiw. Feuerwehr
Vorderbuchberg.

Wir beehren uns, Sie zu unserem am Sonntag, den 25. November 1928 im Breu'schen Gasthause zu Vorderbuchberg nachmittags 3 Uhr beginnenden

Feuerwehr-Ball

ergebenst einzuladen

Das Commando.

Eintritt pro Person 50 Pfg.

Einladung zu einem Feuerwehrball, 1928

Nachwort

In diesem Buch finden wir, dass auch in früherer Zeit bei weitem nicht alles gut war. Das Brot musste bitterhart verdient werden, und es gab auch schlechte Bräuche. Schreckliche Kriege und Plünderungen brachten viele Jahrhunderte hindurch für arme, arbeitsame Menschen unbeschreibliche Not.

So entwickelte sich ein zwar derber Menschenschlag, in dem aber sehr viel Gutes und Wertvolles verborgen ist. Diese oft so sehr geplagten Menschen kannten kein Verzagen. Sie fingen immer wieder von vorne an und taten ihr Bestes für die Heimat, mit der sie so verwachsen waren.

So schulden wir unseren Ahnen viel Dank und Anerkennung.

Eine Zeit, in der sich unser Bauernstand endlich wohl fühlen konnte, war das 19. Jahrhundert. Die bayerischen Könige verabscheuten die Heimat vernichtende Kriege; dafür aber gründete man gute Organisationen und Handelsbeziehungen. Es blühten Kultur und hervorragendes Handwerk, auch wenn dies mit Opfern verbunden war.

Gesunde Kultur und sauberes Brauchtum sind heute für ein gesundes Volk genauso wichtig wie zur Zeit unserer Urgroßväter. Die Grundlage für eine gesunde Weiterentwicklung aber steckt nur in der Vergangenheit.

Nicht zum Wohl unserer Bodenständigkeit trägt es bei, dass unser einst so liebevolles Landleben immer mehr vom Großstadtleben verdrängt wird. Das machte sich auch bemerkbar, als in den letzten Jahrzehnten das altvererbte Volksgut der Bauern zum großen Teil in Großstädte des Nordens wanderte. Und nur, weil ich den „Ausverkauf" unserer bayerischen Raritäten vorhersah, fing ich mit Eifer an, altes Gerät zu sammeln, um es, wenn schon zweckentfremdet, wenigstens in unseren Museen zu erhalten. Die heimeligen Holzhäuser, in denen doch soviel handwerkliches Können steckte, achtete man nicht mehr. Noch schlimmer ist nun das Verschwinden unserer meist kleinen Bauernhöfe. Und gerade diese waren es, die die einfache Volkskultur am meisten pflegten.

Politiker, Wissenschaftler, Fernsehen und Zeitung können noch dazu beitragen, so manch Gutes zu retten. Was unsere Ahnen durch Jahrhunderte mit zerschundenen Händen gerodet haben, darf nicht wieder zu einer Wildnis werden.

Ich selber habe mich seit meiner Jugendzeit mit bester Kraft für unser Bayernland eingesetzt. Nie einen Tag Urlaub habe ich mir gegönnt, obwohl meine Gesundheit seit der vierjährigen Kriegsgefangenschaft schwer leidet. Der Menschheit zuliebe habe ich auch dieses, mein sechzehntes Buch, wieder zusammengebaut, ohne Geld zu verdienen. Niemals aber hätte ich mir träumen lassen, dass ein so aufopferndes Leben auch mit so vielen Sorgen verbunden werden kann. Unwissenheit und Neid sind eben kleine Fehler mancher Menschen.

Heimatforschung und „echte" Heimatpflege machen Freude. Auch bin ich mir meiner Arbeit bewußt. Mögen noch viele Generationen den Wert unserer „nur guten" Bräuche und die großen Leistungen unserer Ahnen zu schätzen wissen, dies ist mein großer Wunsch.

Und wenn einmal mein letztes Stündlein geschlagen hat, liebe Leser, dann redet bitte nicht siebengescheit über mich, sondern schickt mir lieber ein kurzes, andächtiges Gebet nach!

Euer Otto Kerscher

Dank

Herzlichen Dank an Irmgard Himmelstoß für die Abschrift des Manuskriptes.

Herzlichen Dank dem Verlag Morsak, Grafenau, für die Freigabe des Gedichtes „Winter und Sommer" aus dem Buch „Brauchtum in der Bauernstub'n" von Otto Kerscher.

Besonderer Dank dem Verlag Attenkofer für die Herausgabe des Buches.